ERKENNEN VON MÖGLICHKEITEN ZUR STEIGERUNG IHRES CASHFLOWS.

ERKENNEN VON MÖGLICHKEITEN ZUR STEIGERUNG IHRES CASHFLOWS

von: D.K. Hawkins
Version 1.1 ~November 2022
Veröffentlicht von D.K. Hawkins bei KDP
Copyright ©2022 von D.K. Hawkins. Alle Rechte vorbehalten.

Kein Teil dieser Veröffentlichung darf ohne vorherige schriftliche Genehmigung der Herausgeber in irgendeiner Form oder mit irgendwelchen Mitteln, einschließlich Fotokopien, Aufzeichnungen oder anderen elektronischen oder mechanischen Methoden oder mit Hilfe eines Informationsspeicher- oder -abrufsystems, vervielfältigt, verbreitet oder übertragen werden, mit Ausnahme von sehr kurzen Zitaten in kritischen Rezensionen und bestimmten anderen nichtkommerziellen Verwendungen, die nach dem Urheberrecht zulässig sind.

Alle Rechte vorbehalten, einschließlich des Rechts auf vollständige oder teilweise Vervielfältigung in jeder Form.

Alle Angaben in diesem Buch wurden sorgfältig recherchiert und auf ihre sachliche Richtigkeit überprüft. Der Autor und der Herausgeber übernehmen jedoch keine Garantie, weder ausdrücklich noch stillschweigend, dass die hierin enthaltenen Informationen für jede Person, jede Situation oder jeden Zweck geeignet sind, und übernehmen keine Verantwortung für Fehler oder Auslassungen.

Der Leser übernimmt das Risiko und die volle Verantwortung für alle Handlungen. Der Autor kann nicht für Verluste oder Schäden verantwortlich gemacht werden, die sich aus den in diesem Buch enthaltenen Informationen ergeben, seien es Folgeschäden, zufällige Schäden, besondere Schäden oder sonstige Schäden.

Alle Bilder sind frei verwendbar oder von Stockfoto-Websites erworben oder lizenzfrei für die kommerzielle Nutzung. Ich habe mich bei der Erstellung dieses Buches auf meine eigenen Beobachtungen sowie auf viele verschiedene Quellen gestützt, und ich habe mein Bestes getan, um Fakten zu überprüfen und Quellenangaben zu machen, wo sie angebracht sind. Sollte Material ohne entsprechende Erlaubnis verwendet worden sein, kontaktieren Sie mich bitte, damit das Versehen korrigiert werden kann.

Die in diesem Buch enthaltenen Informationen dienen nur zu Informationszwecken und sind nicht als Quelle für Ratschläge oder Kreditanalysen in Bezug auf das dargestellte Material gedacht. Die in diesem Buch enthaltenen Informationen und/oder Dokumente stellen keine Rechts- oder Finanzberatung dar und sollten niemals ohne vorherige Rücksprache mit einem Finanzfachmann verwendet werden, um festzustellen, was für Ihre individuellen Bedürfnisse am besten geeignet ist.

Der Herausgeber und der Autor geben keine Garantie oder andere Versprechen hinsichtlich der Ergebnisse, die durch die Verwendung des Inhalts dieses Buches erzielt werden können. Sie sollten niemals eine Investitionsentscheidung treffen, ohne vorher Ihren eigenen Finanzberater zu konsultieren und Ihre eigenen Nachforschungen und Sorgfaltsprüfungen durchzuführen. Soweit gesetzlich zulässig, lehnen der Herausgeber und der Autor jegliche Haftung für den Fall ab, dass sich die in diesem Buch enthaltenen Informationen, Kommentare, Analysen, Meinungen, Ratschläge und/oder Empfehlungen als ungenau, unvollständig oder unzuverlässig erweisen oder zu Investitions- oder anderen Verlusten führen.

Der in diesem Buch enthaltene oder zur Verfügung gestellte Inhalt stellt keine Rechts- oder Anlageberatung dar, und es wird keine Beziehung zwischen Anwalt und Mandant begründet. Der Herausgeber und der Autor stellen dieses Buch und seinen Inhalt auf einer "wie besehen"-Basis zur Verfügung. Die Nutzung der Informationen in diesem Buch erfolgt auf eigene Gefahr.

INHALTSVERZEICHNIS.

INHALTSVERZEICHNIS. 4

EINFÜHRUNG. 6

KAPITEL 1: WAS IHR CASHFLOW MIT SICH BRINGT. 9

KAPITEL 2: DER CASHFLOW IST EIN WESENTLICHER BESTANDTEIL DER GELDSCHÖPFUNG, -VERWALTUNG UND -ANLAGE. 16

KAPITEL 3: FRAGEN, DIE ZU BEANTWORTEN SIND, UM EINEN AUSREICHENDEN CASHFLOW ZU ERMITTELN. 30

KAPITEL 4: SCHNELLE WEGE ZUR STEIGERUNG DES CASHFLOWS. 35

    1. Affiliate-Marketing. 35

    2. Immobilien-Investitionen. 38

    3. Asset-Based Lender. 41

    4. Website für Mitglieder. 46

    5. Coaching verkaufen. 50

    6. Networking durch bezahlte Umfragen. 54

    7. Amazon-Einkommen. 57

    8. Dropshipping Saisonale Produkte. 60

    9. Devisenhandel. 66

    10. Grüne Ausbildung. 68

    11. Outsourcing. 71

    12. Schreiben von gesponserten Blogbeiträgen. 75

13. Online-Coaching-Programm. 77

14. Online-Vermarktung. 80

KAPITEL 5: WIE SIE $5.000 PRO STUNDE VERDIENEN UND IHREN CASHFLOW STEIGERN KÖNNEN. 84

KAPITEL 6: UMWANDLUNG VON NEGATIVEM CASHFLOW IN POSITIVEN CASHFLOW. 94

KAPITEL 7: ENTSCHLIESSUNGEN ZUR SOFORTIGEN VERBESSERUNG IHRES CASHFLOWS. 99

KAPITEL 8: VERMEIDUNG HÄUFIGER FEHLER BEIM CASHFLOW-MANAGEMENT. 111

SCHLUSSFOLGERUNG. 118

EINFÜHRUNG.

Ihr Cashflow ist das Verhältnis von eingehenden Einnahmen zu ausgehenden Ausgaben während eines bestimmten Zeitraums. Es ist üblich, Ihren Cashflow jeden Monat zu berechnen, da die meisten wiederkehrenden Ausgaben monatlich anfallen. Das Verständnis Ihres Cashflows ist für Ihre finanzielle Gesundheit unerlässlich.

Um Ihren Cashflow zu ermitteln, vergleichen Sie Ihre regelmäßigen Einnahmen (Einnahmen) mit Ihren normalen Ausgaben (Ausgaben). Es ist wichtig, dass Sie nur Ihre regelmäßigen Einnahmen und Ausgaben berücksichtigen, denn eine "Verzerrung" der Zahlen durch Einbeziehung einmaliger Einnahmen oder Ausgaben kommt einem Selbstbetrug gleich.

Die Haupteinnahmequelle der meisten Menschen ist ihre Beschäftigung. Wenn Sie jedoch regelmäßige Einkünfte aus anderen Quellen beziehen,

z. B. Renten, Mieten oder staatliche Leistungen, sollten diese ebenfalls berücksichtigt werden.

Ihre Ausgaben sollten Ihre Grundbedürfnisse, wie Wohnung, Transport und Versorgung, und Ihre regelmäßigen Ermessensausgaben umfassen. Dabei handelt es sich um wiederkehrende Ausgaben, die jedoch völlig freiwillig sein können, wenn Sie Ihre Familie jede Woche zu einem großen Abendessen einladen.

Um einen Überblick über Ihre Situation zu erhalten, ziehen Sie einfach Ihre monatlichen Ausgaben von Ihren monatlichen Einnahmen ab. Ihr Cashflow ist negativ, wenn Sie mehr ausgeben als Sie einnehmen. Das führt zu Schulden, wenn Sie Ihre Ausgaben nicht einschränken. Sie haben einen positiven Cashflow, wenn Sie mehr einnehmen als Sie ausgeben. Je größer Ihre Einnahmen im Verhältnis zu Ihren Ausgaben sind, desto größer ist Ihre finanzielle Stabilität.

Obwohl es sich um einen grundlegenden Prozess handelt, nehmen sich die meisten Menschen nur selten die Zeit, ihre Finanzen aufzuschreiben. Selbst wenn Sie Ihren finanziellen Status nur rudimentär kennen, kann dieser Ansatz sehr nützlich sein. Die Zahlen auf dem Papier können Sie davon überzeugen, Ihre Ausgabengewohnheiten einzuschränken oder eine Strategie für die Anlage Ihrer überschüssigen Einnahmen zu entwickeln.

Die Betrachtung Ihrer Finanzen auf diese Weise ist ein recht unkompliziertes Verfahren. Sie sollten Ihren Cashflow im Auge behalten und sowohl den Anstieg als auch den Rückgang von Ausgaben und Einnahmen verfolgen, unabhängig von Ihrer finanziellen Situation. In diesem Buch finden Sie eine tiefer gehende Analyse Ihres Finanzstatus und strategische Möglichkeiten, um jede Gelegenheit zur Steigerung Ihres Cashflows zu erkennen.

Jetzt geht's los.

KAPITEL 1: WAS IHR CASHFLOW MIT SICH BRINGT.

Unabhängig von der Perspektive müssen Sie Ihren Cashflow verbessern, wenn Sie Ihr Vermögen vermehren wollen. Aber wie können Sie das erreichen, wenn Sie einen Job, eine Familie und viele andere Verpflichtungen haben?

Ich erkenne die Schwierigkeit an, aber egal, wie man es betrachtet, man muss seinen Cashflow verbessern. Für die Mehrheit der Weltbevölkerung ist die Arbeit die Haupteinkommensquelle, und das ist auch oft der Fall:

Ihr Cashflow steigt mit der Zeit, aber auch Ihre Ausgaben. Diese ganzen Schulden sind steuerlich nicht absetzbar! Typischerweise handelt es sich dabei um Dinge wie ein größeres Haus für die Familie, ein besseres Auto, vielleicht ein paar Urlaube und eine

Wagenladung Haushaltswaren vom örtlichen Einzelhändler.

Auch wenn Ihr Cashflow um 100 % gestiegen ist, bauen Sie kein Vermögen auf, wenn Sie Ihr Einkommen von 50.000 auf 100.000 Dollar pro Jahr erhöhen. Sie haben sich auf Ihre bisherige Einkommensquelle festgelegt, die für die meisten Menschen ihre Beschäftigung ist.

Sie haben es sich selbst unmöglich gemacht, Ihre Beschäftigung aufzugeben, da dies eine erhebliche Anpassung Ihres Lebensstils erfordern würde. Sie befinden sich also tatsächlich in der Tretmühle des Lebensstils.

Wenn Sie einmal ein größeres Haus oder ein besseres Fahrzeug erlebt haben, werden Sie sich nie wieder mit einem Schritt zurück zufrieden geben. Sie sind schon sehr lange in Ihrem Beruf engagiert. Wenn Ihnen Ihr Job Spaß macht, ist das großartig. Aber wenn nicht, ist es nicht angenehm.

Die Idee ist, ein zweites Einkommen zu erzielen und gleichzeitig weiter zu arbeiten. Stellen Sie sich vor, Sie könnten innerhalb des nächsten Jahres den gleichen Betrag aus einer anderen Quelle verdienen. Ich spreche hier nicht von Immobilien oder Aktien.

Um Ihr Einkommen durch beides zu ersetzen, sind Zeit und Mühe erforderlich; den meisten Menschen fehlt für den Anfang das nötige Geld. Das Internet ist ideal, um Ihr Einkommen zu ersetzen, ohne dass Sie Ihren Job aufgeben müssen.

Aufgrund mangelnder Computerkenntnisse haben die meisten Babyboomer den Anschluss an diese Goldmine völlig verloren. Die gute Nachricht ist, dass Sie kein Computergenie sein müssen! Das Internet ist weder ein "Fleck" auf dem Radarschirm noch eine "Modeerscheinung", die wieder verschwinden wird. Weltweit gibt es mehr als 950 Millionen Internetnutzer, und kleine Unternehmen, die das Internet nutzen, haben sich viel schneller entwickelt als solche, die das nicht tun.

Für die Kunden spielt es keine Rolle, ob ein großes oder kleines Unternehmen eine Website betreibt, und diejenigen, die über Bargeld verfügen, kaufen eher online ein. Zweifellos ist das World Wide Web riesig und wird sich täglich weiter ausdehnen!

Außerdem ist der Cashflow für das Überleben eines Unternehmens von entscheidender Bedeutung. Ohne ihn würde kein Unternehmen existieren. Hier sind vier Techniken, um Ihren Cashflow sofort zu verbessern.

Stellen Sie fest, wo Sie stehen und was Sie brauchen. Eine der schlechtesten Methoden, um Einnahmen zu erzielen, ist das Zufallsprinzip. Wenn Sie sich die Zeit nehmen, Ihre Zahlen zu ermitteln (Sie können dies auf Papier oder online in einer Tabellenkalkulation tun), haben Sie eine klarere Vorstellung davon, woher Ihr Geld kommt und wohin es geht.

Hier gibt es keinen Platz für Spekulationen. Betrachten Sie Ihre Tabellenkalkulation als eine Landkarte. Sie wird Ihnen dabei helfen, herauszufinden, wo Sie stehen und wohin Sie gehen müssen, oder, in diesem Beispiel, wie viel Geld Sie noch verdienen müssen.

Prüfen Sie die Dienstleistungen, die Sie Ihren Kunden bereits anbieten, und überlegen Sie, wo Sie diese ausbauen könnten. Ziehen Sie in Erwägung, einen VIP-Tag oder einen halben Tag in Ihr Angebot aufzunehmen und diesen entsprechend zu bepreisen. Ihre Kunden werden für die Stunden Ihrer ungeteilten, konzentrierten Aufmerksamkeit bezahlen, während Sie mit ihnen ein Brainstorming zu ihrem Geschäft oder Fachgebiet durchführen.

Bieten Sie bestehenden Kunden, die Ihrer Meinung nach von einem ganzen oder halben Tag Ihrer ungeteilten Aufmerksamkeit profitieren könnten, ein Upgrade an. Diese Tage können persönlich oder elektronisch, per Telefon oder Internet-Video-Streaming angeboten werden. Leiten Sie diesen Prozess ein, indem Sie frühere Kunden mit Ihrem neuen VIP-Tagesangebot kontaktieren. Denken Sie auch daran, Ihre neuen Produkte an Ihre Liste zu verkaufen!

Wussten Sie, dass die meisten Menschen lieber mehr Kunden gewinnen und ihre Arbeitsbelastung erhöhen, als ihre Preise zu erhöhen? Das ist eine Tatsache. Wenn das auf Sie zutrifft, überlegen Sie, warum Sie Ihre Preise nicht erhöhen und welche Überzeugungen Ihnen dabei in den Sinn kommen.

Dann fragen Sie sich, warum Sie eine solche Ansicht vertreten und Ihre Preise trotzdem erhöhen. Ich bin aufrichtig. Sie sind die einzige Person, die Sie daran hindert, mehr Geld zu verdienen. Diejenigen, die mehr erwarten, bekommen auch mehr. Sie werden es aber nur bekommen, wenn Sie Ihre Honorare erhöhen und es verlangen.

Werden Sie sich der Möglichkeiten bewusst, wie Sie Ihren derzeitigen Cashflow steigern können. Das kann ein Auftritt als Redner sein. Es könnte eine Zusammenarbeit mit einem Kollegen sein. Es könnte eine Coaching-Möglichkeit sein, die Sie dazu bringen würde, sichtbarer zu werden.

Es könnte eine Möglichkeit für ein Sponsoring sein. Hier können Sie Angst haben und trotzdem weitermachen. Wenn Sie bleiben, wo Sie sind, werden Sie bleiben, wo Sie sind. Sie müssen Ja sagen und die Möglichkeiten nutzen, um sich weiterzuentwickeln und Ihr Einkommen zu verbessern.

Angst und einschränkende Überzeugungen sollten nicht Ihre Fähigkeit bestimmen, den Einkommensfluss zu verbessern. Es ist Freiheit und Ermächtigung, das zu tun, was man für unmöglich hält. Wenn Sie auch nur einen der oben genannten Vorschläge umsetzen, werden Sie Ihr persönliches und berufliches Einkommen steigern.

KAPITEL 2: DER CASHFLOW IST EIN WESENTLICHER BESTANDTEIL DER GELDSCHÖPFUNG, -VERWALTUNG UND -ANLAGE.

Um in Zukunft finanziell abgesichert zu sein, müssen Sie sich dreier wesentlicher, voneinander unabhängiger Aspekte des Geldmanagements bewusst sein. Der offensichtliche Aspekt, auf den sich die meisten Menschen konzentrieren, ist das "Geldbeschaffen". Diesem Aspekt wird oft 90 Prozent der Aufmerksamkeit gewidmet. Eine gute Ausbildung, einen gut bezahlten Job und einen Gehaltsscheck zu bekommen, ist alles machbar.

Die Kunst der Vermögensbildung besteht darin, nicht nur beim Geldverdienen wirklich effizient zu werden, sondern auch zu verstehen, dass diese eine Komponente in Ihrem Streben nach finanzieller Unabhängigkeit nutzlos ist, wenn Sie die anderen beiden nicht beherrschen: Die Verwaltung und die richtige Investition des Geldes, um einen echten Cashflow zu schaffen, den Sie tatsächlich zur Bank bringen und mit nach Hause nehmen können.

Es ist wichtig, die beiden letztgenannten Punkte gründlicher zu verstehen als die ersten. Selbst eine Person mit einem bescheidenen Einkommen kann im Laufe der Zeit ein Millionenvermögen anhäufen, wenn sie ihr Geld mit einem hohen Maß an Kompetenz verwaltet und investiert und einen Cashflow erzeugt.

Der Cashflow ist der wichtigste Faktor für das Verständnis des Vermögenszuwachses. Kürzlich wurde eine Studie veröffentlicht, in der beschrieben wird, wie eine Frau die Universität, die sie in den 1940er Jahren besuchte, verließ, nachdem sie Millionen von Dollar erhalten hatte.

Die meiste Zeit ihres Lebens arbeitete sie als Sekretärin oder Empfangsdame. Wie konnte sie so viel Geld zurücklassen? Sie lebte im Rahmen ihrer Möglichkeiten, verwaltete ihre Finanzen klug, investierte umsichtig und häufte Millionen von Dollar an. Angesichts der zunehmenden Inflation und der Abwertung des US-Dollars ist dies immer seltener der Fall.

Ich habe erlebt, wie Menschen mit einem sechsstelligen Jahreseinkommen ihr Leben vergeudet haben, indem sie über ihre Verhältnisse gelebt haben und im Ruhestand Probleme hatten. Andere, die nur halb so viel verdient haben wie ihre Kollegen, genießen einen üppigen Lebensstil, nachdem sie ihr Geld während ihrer gesamten Laufbahn effektiv verwaltet und gespart haben.

Was Sie verdienen, wird im Allgemeinen durch Ihre tatsächliche Verdienstmöglichkeit definiert, d. h. dadurch, wie viel Sie und Ihr Arbeitgeber oder Ihr Unternehmen glauben, dass Sie auf dem Markt wert sind, wie viel Sie mit Ihrem Handwerk oder Handel verdienen können oder wie viel Nettogewinn Ihr Unternehmen erzielt.

Am einfachsten lässt sich dies berechnen, indem Sie Ihre Steuererklärungen der letzten Jahre prüfen und den höchsten Wert auswählen. Wenn Sie versuchen, Ihr Einkommenspotenzial zu steigern, gibt es in der Regel einige Möglichkeiten, die Sie in Betracht ziehen sollten. Die am weitesten verbreitete:

- Arbeiten Sie mehr Stunden pro Woche, machen Sie Überstunden oder nehmen Sie einen zweiten Job an.

- Erwerben Sie die Fähigkeit, die gleiche Menge an Arbeit in kürzerer Zeit zu erledigen. Oder mehr Arbeit in der gleichen Zeit zu erledigen.

- Gehen Sie wieder zur Schule, um Ihr Studium zu verbessern, eine neue Qualifikation zu erwerben oder Ihre Ausbildung zu aktualisieren.

- Ziehen Sie an einen Ort, an dem Sie für Ihre Fähigkeiten besser bezahlt werden, oder nehmen Sie eine besser bezahlte Stelle an.

Die zweite Komponente, die tatsächliche Verwaltung Ihres Geldes, wird durch die Menge an Geld, die Sie pro Woche verdienen, und Ihren Cashflow beeinflusst. Erstens müssen Sie genügend Geld verdienen, um Ihre Lebenshaltungskosten zu decken und einen Restbetrag übrig zu haben, nachdem Sie Ihre Rechnungen bezahlt haben. Je größer der Betrag ist, der nach dem Bezahlen Ihrer Rechnungen übrig bleibt, desto größer ist die Wahrscheinlichkeit, dass Sie über genügend Cashflow für Investitionen verfügen.

Wenn Sie Ihren derzeitigen Lebensstandard beibehalten und Ihre Zahlungen leisten können, sollten Sie über mehr Geld verfügen. Dieses andere Einkommen oder der Cashflow ist der Betrag, den Sie sparen oder investieren müssen, um einen anderen Cashflow zu erzielen. Die Erstellung eines Gesamtbudgets für Ihre Ausgaben, nachdem Sie Ihre

Finanzen umsichtig verwaltet haben, hilft Ihnen, Ihren Cashflow zu visualisieren.

Im Folgenden finden Sie einige der wichtigsten Orte, an denen Sie "Geld entdecken" können, um es in die Zukunft zu investieren:

Zahlen Sie Ihre Kreditkartenschulden sofort ab und beginnen Sie mit den höchsten Beträgen. Hören Sie auf, Kreditkartenunternehmen und Banken zu unterstützen, die normale Amerikaner ausnutzen, und beginnen Sie, in Ihre finanzielle Unabhängigkeit zu investieren.

Schaffen Sie Ihre Kreditkarten ab und kaufen Sie nur noch das, was Sie sich mit dem Geld leisten können, das Sie aus Ihrem Cashflow erwirtschaftet haben. Hören Sie auf, Kreditkarten zu benutzen!

Wenn Sie Zigaretten rauchen, Alkohol trinken oder in irgendeiner Form an Glücksspielen, Bingo oder Lotterie usw. teilnehmen, hören Sie auf! - Das ist schädlich für Ihre Gesundheit und Ihre finanzielle

Zukunft. Eine Schachtel Zigaretten kostet zum Beispiel etwa 80 Dollar.

Wenn Sie nur eine Schachtel Zigaretten pro Woche rauchen, verschwenden Sie etwa 4.000 Dollar pro Jahr für diese eine schreckliche Angewohnheit. Wenn Sie 30 Jahre lang rauchen, kostet Sie das über 320.000 Dollar, ganz zu schweigen von den Gesundheitskosten. Hören Sie auf, damit Sie in Ihre Zukunft investieren und einen besseren und lukrativeren Lebensstil genießen können.

Hören Sie auf, Mahlzeiten von Restaurants und Fastfood-Ketten zu konsumieren. Wenn Sie zu beschäftigt sind, um Mahlzeiten im Voraus zuzubereiten, dann sind Sie zu beschäftigt. Wenn alles andere fehlschlägt, gehen Sie zu einem Lagerhausclub wie Sam's Club und kaufen Sie Tiefkühlgerichte oder suchen Sie nach Alternativen, um nicht jedes Abendessen 20 bis 30 Dollar auszugeben.

Das mag zwar absurd klingen, ist aber immer noch billiger als auswärts zu essen. Für jede Fast-Food-Mahlzeit, die außerhalb des Hauses eingenommen wird, müssen Sie 8 Dollar auf die Kosten der Mahlzeit aufschlagen. Fünf Tage in der Woche, fünfzig Wochen im Jahr, das macht $2000,00. Rechnen Sie es aus. Addieren Sie 8,00 bis 20,00 $ pro Tag für jedes Abendessen am Tisch, je nachdem, wo Sie essen. Im Laufe eines Jahres summiert sich das auf Tausende von Dollar.

Überlegen Sie, ob Sie monatliche Raten für ein Fahrzeug zahlen, das der Bank gehört. Wenn Sie leasen, besitzen Sie nichts. Hier ist ein hilfreicher Leitfaden: Legen Sie genügend Geld an, damit Ihre monatlichen Zahlungen 5 % Ihres monatlichen Nettoeinkommens nicht übersteigen. Wenn Ihr Haushalt zwei Autos benötigt, sollten Sie ein gebrauchtes zweites Fahrzeug kaufen.

Bezahlen Sie den zweiten Gegenstand bar. Mein letztes Auto war ein hochwertiger Gebrauchtwagen in ausgezeichnetem Zustand, aber mit hoher Kilometerleistung. Er hat mich 4.000 Dollar in bar gekostet, und ich habe ihn 38 Monate lang gefahren. Für jeden Monat, in dem ich es besaß, kostete es mich monatlich etwa 105,26 $. Das ist etwa ein Drittel der Kosten, die bei der Finanzierung eines Neuwagens anfallen.

Wenn Sie ins Kino gehen, sich Sportveranstaltungen ansehen, teure Urlaube machen, sich trendige Haarschnitte verpassen lassen und teure Kleidung kaufen - schränken Sie sich ein paar Jahre lang ein und investieren Sie, anstatt sofortige Befriedigung zu suchen.

Ich glaube, Sie haben das Konzept jetzt verstanden. Indem Sie Ihr Einkommen optimieren und Bargeld freisetzen, erzeugen Sie Cashflow und können in Ihre finanzielle Zukunft investieren.

Prüfen Sie, ob Sie "Extras" wie Kabelfernsehen, Mobiltelefone, Haustiere, Autoreparaturen, Unterhaltungsangebote und nicht unbedingt notwendige Reisen streichen können, bis Ihre Schulden Ihre monatlichen Ausgaben nicht mehr dominieren.

Je fleißiger Sie daran arbeiten, desto eher werden Sie einen Punkt erreichen, an dem Ihre

Schulden Ihr Leben nicht mehr belasten und Sie über ausreichende Bargeldreserven verfügen, um Notfälle weniger belastend zu gestalten.

Ihr Ziel sollte es sein, zwischen 100.000 und 250.000 Dollar zu verdienen, um einen ausreichenden Cashflow von 10 bis 30 Prozent Ihres Einkommens zu erzielen. Solange Sie einen bescheidenen Lebensstil beibehalten, sollten Sie wenig Probleme haben, Geld für Investitionen zurückzulegen und ein solides Portfolio aufzubauen, das mit ziemlicher Sicherheit zu finanzieller Unabhängigkeit führen wird.

Selbst wenn Sie sich die monatlichen Raten leisten können, werden Sie niemals Millionär werden, wenn Sie wie einer leben. Es ist besser, einen bescheidenen Lebensstil beizubehalten und Millionär zu werden, als zu versuchen, mit den Nachbarn mitzuhalten (und sie eher noch zu übertreffen).

Sobald Sie Ihren Cashflow um mehr als 30 % Ihrer Einnahmen gesteigert haben, sind Sie in einer ausgezeichneten Position, um eine

Investitionsstrategie auszuwählen. Es gibt drei Hauptinvestitionsarten: Ersparnisse, Anleihen, Investitionen in Aktien in einem Bereich, und Investitionen in Immobilien und die Gründung eines Unternehmens wären die dritte.

Die Investition in ein Unternehmen hat das Potenzial, die größte Rendite zu erzielen. Sparkonten, Anleihen und Aktien bieten in der Regel die niedrigsten Renditen. Im Laufe der Zeit werden Sie wahrscheinlich zwischen einem und sieben Prozent erzielen. In der derzeitigen Wirtschaftslage bringen Immobilien größere Gewinne, die im Laufe der Zeit zwischen zwölf und fünfzig Prozent liegen.

Geld und Erträge können für ein Unternehmen eine Rendite von Hunderten bis Tausenden von Prozent bringen. Hier kommen die Selbstständigkeit und das Network-Marketing ins Spiel. Sie müssen sich mit diesen DREI SCHLÜSSELELEMENTE verbinden, ganz gleich, was Sie tun, ob Sie sich selbständig machen, Network-Marketing betreiben, ein Unternehmen gründen oder im Direktvertrieb tätig werden:

Sie brauchen und müssen eine Leidenschaft für das haben, was Sie tun, Sie müssen in der Lage sein, Ihre Begeisterung dafür aufrechtzuerhalten und sich über einen längeren Zeitraum dafür einzusetzen.

Um in Ihrem Bereich führend zu werden, müssen Sie ein hohes Maß an Erfahrung auf dem Gebiet Ihrer Wahl erreichen.

Sie müssen dem Markt das liefern, was Ihr Auftraggeber oder Kunde wirklich will.

Denken Sie daran, dass das Risiko umso größer ist, je größer der mögliche Gewinn in jedem Geschäft ist. Investieren Sie nie mehr, als Sie sich leisten können, in ein einziges Unternehmen zu verlieren.

Die Entwicklung eines hohen Kompetenzniveaus in einem Bereich, für den Sie sich begeistern, ist der Schlüssel zur Erzielung hervorragender Renditen für Ihre Investitionen. Ähnlich wie bei anderen Methoden des Geldverdienens werden Sie mehr verdienen, wenn Sie bessere Fähigkeiten und Talente in das einbringen, was Sie verkaufen, vermarkten oder einem Verbraucher oder potenziellen Geschäftspartner anbieten.

Nehmen Sie sich die Zeit, Ihre Due-Diligence-Prüfung durchzuführen und zu recherchieren, um herauszufinden, welche dieser Instrumente für Sie am besten geeignet sind, und um die Möglichkeiten zu identifizieren, die Sie verstehen und an denen Sie in Zukunft gerne teilnehmen werden.

Durch die Auswahl von Vermögenswerten, die Sie verstehen und mögen, werden Sie deutlich höhere Renditen erzielen, das Risiko verringern und weniger Verluste erleiden, als wenn Sie lediglich nach Möglichkeiten mit den höchsten Renditen suchen.

Mit dem Renditepotenzial wächst auch die Gefahr. Um das Risiko zu verringern, das mit der Ausübung von Geschäften in der gegenwärtigen Wirtschaftslage verbunden ist, wird die Erweiterung Ihres Wissens Ihre Chancen auf finanziellen Erfolg erhöhen.

Wenn Sie sich nicht wirklich und aufrichtig für die Aussichten jenseits der potenziellen Rendite interessieren, wird die Wahrscheinlichkeit, dass Sie die notwendigen Nachforschungen und die Due-Diligence-Prüfung durchführen, gering bleiben und scheitern.

Wo auch immer Ihr Cashflow derzeit ist, dort müssen Sie beginnen. Indem Sie die Notwendigkeit erkennen, Ihren Cashflow zu verbessern, und sofort damit beginnen, verbessern Sie Ihre Erfolgschancen in jedem der drei Bereiche zur Steigerung des Cashflows.

Es gibt keine alternativen Wege. Sie müssen sich so gut wie möglich über Ihre finanzielle Situation informieren, sich bessere Gewohnheiten aneignen und mehr Zeit und Energie auf die Verwaltung und Investition Ihres Geldes verwenden, um Ihre Finanzen heute zu verbessern und Ihre zukünftige Unabhängigkeit zu erhöhen.

KAPITEL 3: FRAGEN, DIE ZU BEANTWORTEN SIND, UM EINEN AUSREICHENDEN CASHFLOW ZU ERMITTELN.

Ihr Cashflow ist die finanzielle Energie, die Ihren Lebensstandard, den Erwerb von Waren und Dienstleistungen, die Ausbildung Ihrer Kinder, Ihre Altersvorsorge, Ihr Bedürfnis und Ihren Wunsch, für andere zu sorgen, und Ihre allgemeine finanzielle Sicherheit unterstützt.

Um einen ausreichenden Cashflow aufrechtzuerhalten, müssen Sie eine umsichtige Planung vornehmen, indem Sie langfristige Ziele und die Ziele, die zu deren Erreichung führen, festlegen. Ihr ausreichender Cashflow wird dann durch die Ressourcen definiert, die zur Umsetzung dieser Ziele und zur Erreichung Ihrer langfristigen Ziele erforderlich sind.

Da Ziele nur ein Sprungbrett für langfristige Ziele sind, erhöhen sich Ihre Chancen auf eine erfolgreiche Strategie beträchtlich, wenn Sie klare Antworten auf diese fünf Fragen geben.

1. Wo bin ich jetzt?

Ihre derzeitige Situation muss bewertet werden, d. h. es müssen die Quelle, die Höhe und die Dauer Ihres derzeitigen Einkommens ermittelt werden.

Haben Sie nach Begleichung Ihrer Rechnungen noch monatliche Ersparnisse?

Sind Ihre monatlichen Finanzen im Minus?

Welche einkommensschaffenden Vermögenswerte besitzen Sie, die zu Ihrem monatlich verfügbaren Einkommen beitragen?

Eine gründliche und sorgfältige Beantwortung der Frage "Wo stehe ich?" ist ein guter Realitätscheck.

2. Wohin möchte ich gelangen?

Wenn Sie sich ein Ziel setzen, geben Sie Ihren Handlungen und Verhaltensweisen einen Sinn, ein Ziel und eine Menge oder Intensität. Erläutern Sie auch die Gründe, die hinter Ihrem Ziel stehen. Setzen Sie sich einen ehrgeizigen Plan, der Sie dabei unterstützt und inspiriert, Ihr Leben wirklich zu verändern.

Erhöhen Sie zum Beispiel Ihr Gehalt um das Doppelte, schaffen Sie sich eine alternative, bescheidene Einkommensquelle von 5.000 Dollar oder mehr pro Monat, gründen Sie ein Unternehmen, das Sie 10 Stunden pro Woche betreiben können, oder erwerben Sie einen höheren Abschluss oder eine Zertifizierung.

3. Wann möchte ich anreisen?

Aufschieben erzeugt unkontrollierte Angst, eine wichtige und oft vernachlässigte Folge des Nichtfestlegens einer Frist. Schätzen Sie immer einen Zeitrahmen für den Erfolg ein, sonst wird dieses Vorhaben oft ganz unten auf Ihrer Prioritätenliste stehen. Für langfristige Ziele sind Zeiträume von drei bis fünf Jahren sinnvoll.

4. Wie komme ich dorthin?

Bestimmen Sie Ihre Ressourcen und Ihr Ausgabenverhalten. Die Berechnung Ihrer überschüssigen Mittel am Ende des Monats und die Feststellung, ob Ihre derzeitige Einkommensquelle Sie während der Zeit Ihrer Konzentrationstätigkeit weiterhin ernähren kann, ist eine unkomplizierte Methode.

5. Was muss ich mitbringen, um pünktlich zu erscheinen?

Sie können sich zertifizieren lassen, Schulden umstrukturieren oder abbauen, umziehen, einen Kredit aufnehmen oder neue Beziehungen aufbauen.

Dies ist auch der richtige Zeitpunkt, um einen Mentor zu finden, der Ihnen mit Rat und Tat zur Seite steht, eine unvoreingenommene Sichtweise hat und für Sie Verantwortung übernimmt.

Bei der Bewältigung dieser Aufgaben liegt Ihr Schwerpunkt auf der Ermittlung der effizientesten Mittel, um innerhalb des vorgegebenen Zeitrahmens erfolgreich zu sein. Sie haben nun die Möglichkeit, einen glaubwürdigen Plan zu entwickeln und sich die Unterstützung Ihres Umfelds zu sichern.

KAPITEL 4: SCHNELLE WEGE ZUR STEIGERUNG DES CASHFLOWS.

1. Affiliate-Marketing.

Viele Menschen bessern ihr Gehalt auf, indem sie in Teilzeit von zu Hause aus arbeiten. Das ist aus vielen Gründen eine fantastische Idee, unter anderem wegen der flexibleren Arbeitszeiten, der größeren Unabhängigkeit und der endlosen Verdienstmöglichkeiten.

Nehmen wir an, Sie erwägen, sich den Millionen anderer erfolgreicher Selbständiger anzuschließen, indem Sie Ihr Multi-Level-Marketing-Unternehmen aufbauen. In diesem Fall benötigen Sie einige Affiliate-Marketing-Ideen, um Ihren Cashflow zu verbessern.

Sie müssen ein grundlegendes Verständnis von Affiliate-Marketing haben. Sie generieren Internet-Verkäufe, indem Sie Ihre Website entwickeln und Menschen auf die Website eines Einzelhändlers leiten, wo ein Verkauf stattfindet.

Das Ziel ist, dass Sie auf Ihrer Website die ersten Verkaufsgespräche führen, so dass die Kunden, wenn sie das Geschäft des Händlers besuchen, bereits geneigt sind, einen Kauf zu tätigen. Unter Umständen haben sie so auch einen menschlichen Ansprechpartner, insbesondere wenn die Website des Händlers weitgehend automatisiert ist.

Wenn Sie sich als Partner eines bestimmten Verkäufers anmelden, wird er Sie registrieren und eine Tracking-Software einsetzen, um sicherzustellen, dass Sie für jeden Verkauf, den er über Ihre Website tätigt, eine Provision erhalten. Das bedeutet, dass Sie weder in ein Inventar investieren noch Produkte lagern müssen und auch nicht für die Verpackung oder Lieferung verantwortlich sind.

Anschließend können Sie entscheiden, welche Produkte Sie verkaufen oder mit welchen Händlern Sie zusammenarbeiten möchten. Diese Option hängt nur von Ihrem Geschmack ab; es empfiehlt sich jedoch, etwas zu wählen, das Sie häufig verwenden oder für das Sie eine große Leidenschaft hegen, da Sie so einen besseren Einblick in die Gestaltung Ihrer Website erhalten.

Überlegen Sie, welche Dinge Sie schätzen oder häufig verwenden, und führen Sie dann ausführliche Studien über die Unternehmen durch, die diese Produkte herstellen. In dem von Ihnen gewählten Markt gibt es wahrscheinlich viele Möglichkeiten für Partnerschaften.

Sie können sich auch über Partnerprogramme informieren, die für Sie interessant sein könnten, indem Sie die vielen Bewertungen lesen, die von früheren und aktuellen Partnern abgegeben wurden. Informieren Sie sich darüber, wie lange das Unternehmen bereits im Geschäft ist und wie es in Fachzeitschriften bewertet wird.

Nehmen Sie sich die Zeit, Händler zu finden, die den Ruf haben, ihre Partner fair zu behandeln und ihre Partner über einen langen Zeitraum zufrieden zu stellen. Wenn Sie mit Ihrer Untersuchung beginnen, sollten Sie eine Checkliste erstellen, um zu wissen, was Sie von einem Partnerprogramm für Ihr Multi-Level-Marketing-Unternehmen erwarten.

Vergleichen Sie auch die Anfangsinvestitionen für die Dinge, die Sie verkaufen möchten. Sie können auch Geld investieren, um Geld zu verdienen, wobei der für den Start erforderliche Betrag sehr unterschiedlich ist. Ein Unternehmen mit bescheidenen Anfangskosten ist für Neulinge sinnvoll, da es ihnen helfen kann, die Grundlagen des MLM mit minimalem Risiko zu erlernen.

2. Immobilien-Investitionen.

Die Steigerung des Cashflows durch Immobilieninvestitionen war schon immer ein beliebtes Mittel zur Vermögensbildung. Bedenken Sie: Solange die Menschen weiterhin Immobilien kaufen, wird dies eine der besten Methoden bleiben, um den persönlichen Cashflow zu steigern und Vermögen aufzubauen.

Die Schwierigkeit besteht darin, dass man bei unsachgemäßer Nutzung von Immobilien viel Geld verlieren kann. Sehen wir uns einige Methoden an, mit denen Sie das Risiko ausschalten können, wenn Sie Ihren Einkommensstrom durch Immobilieninvestitionen erhöhen.

Holen Sie sich einen fachkundigen Mentor.

Diejenigen, die bei der Nutzung von Immobilieninvestitionen zur Verbesserung des persönlichen Cashflows am erfolgreichsten sind, haben das, was sie wissen, von jemand anderem gelernt. SEHR wenige Personen, die Immobilien erfolgreich zur Steigerung des Einkommensflusses nutzen, haben dies durch die Schule der harten Schläge gelernt. Das liegt daran, dass eine "Versuch- und-Irrtum"-Ausbildung bei Immobilieninvestitionen Tausende und Abertausende von Dollars kosten kann, die Dave Ramsey als "dumme Steuer" bezeichnet.

Daher müssen Sie einen vertrauenswürdigen und sachkundigen Mentor finden, der Sie beim Lernen über Immobilieninvestitionen und die Steigerung des Einkommensflusses anleitet.

Zweitens: Seien Sie sich Ihrer finanziellen Situation bewusst.

Bevor Sie in Immobilien investieren, um Ihren Cashflow zu erhöhen oder Ihr Vermögen zu vergrößern, müssen Sie Ihre persönlichen Angelegenheiten in Ordnung bringen. Dies bedeutet, dass Ihre Finanzen in Ordnung sind, dass Ihre Ausgaben weniger als 70 % Ihres Nettoeinkommens betragen und dass Sie über ausreichende Barreserven verfügen, um die Ausgaben von drei Monaten zu decken. Außerdem ist es ratsam, stets 10 % Ihres Gehalts für Investitionszwecke zurückzulegen.

So können Sie sich auf Ihre Investitionen konzentrieren, um Ihren Cashflow zu steigern, ohne sich Gedanken darüber machen zu müssen, ob Sie Ihre Hypothekengelder investieren wollen oder nicht. Auch wenn Sie sich dafür entscheiden, diese Punkte nicht zu berücksichtigen, sollten Sie sich einen KLAREN und SCHRIFTLICHEN Überblick über Ihren finanziellen Status verschaffen, bevor Sie in Immobilien investieren, um Ihren Cashflow zu steigern oder Vermögen aufzubauen.

Versuch, einige Vorhersagen zu treffen.

Bevor Sie in Mietobjekte oder Immobilien, die Sie gewinnbringend verkaufen möchten, investieren, sollten Sie sich auf der Website des Steuerschätzers umsehen und in Ihrer Stadt unterwegs sein, um ein Gefühl für die vorhandenen Möglichkeiten zu bekommen. Dies wird Ihnen helfen, Vertrauen zu gewinnen, bevor Sie echtes Geld investieren, um Ihren Cashflow zu steigern.

3. Asset-Based Lender.

Welche Vorteile bietet ein Asset-Based Lender für Ihr Unternehmen?

In zwei Worten: Der "laufende Cashflow" ist für den Erfolg eines jeden Unternehmens entscheidend.

"Der Cashflow, der von einer Investition oder einem Unternehmen innerhalb eines bestimmten Zeitraums erwirtschaftet wird. Das heißt, der Gewinn vor Zinsen, Steuern, Abschreibungen und Amortisationen ist eine Metrik des Cashflows. Da der Cashflow das Lebenselixier eines Unternehmens ist, betrachten viele Experten den Cashflow als die wichtigste Finanzkennzahl. Unternehmen mit einem hohen Cashflow werden in der Regel übernommen, weil die erwerbenden Unternehmen erkennen, dass dieser Cashflow dazu verwendet werden kann, die Kosten der Übernahme zu bezahlen.

In der realen Welt bewerten Banken, Analysten und andere Finanzinstitute die finanzielle Gesundheit eines Unternehmens anhand des Cashflows. Ohne einen angemessenen Cashflow kann ein Unternehmen keine Rechnungen pünktlich bezahlen, Schulden abbauen oder in künftiges Wachstum investieren.

Welchen Nutzen hat die vermögensabhängige Finanzierung?

In Anbetracht der derzeitigen wirtschaftlichen Unsicherheit können Unternehmen wieder einmal Asset-Based-Lenders als potenzielle Quelle für Betriebskapital in Betracht ziehen, um den Cashflow zu steigern. Historisch gesehen verschwindet diese Form der Finanzierung nie, doch wenn sich die Wirtschaft verschlechtert und die Kredite knapper werden, sind die Unternehmer viel eher bereit, einen kleinen Aufschlag zu zahlen, um Zugang zu Betriebskapital zu erhalten. Dies gilt insbesondere dann, wenn die Alternative darin besteht, das Betriebskapital zu reduzieren. Unzureichendes Betriebskapital führt zu verpassten Chancen und eingeschränktem Wachstum.

Warum gewähren Banken keine Kredite, während Kreditgeber auf der Basis von Vermögenswerten dies tun?

Forderungen aus Lieferungen und Leistungen und in geringerem Maße auch Vorräte sind die Aktiva, gegen die Asset-Based-Funding-Unternehmen Kapital vorschießen. Während sich die Banken aufgrund von fehlerhaften Immobilienkrediten und

Fehlinvestitionen in der Krise befinden, sind die Asset-Based-Lending-Unternehmen nach wie vor robust und bereit, Unternehmen bei der Expansion zu unterstützen, sobald sich die Wirtschaft erholt. Assetbasierte Kreditgeber gewähren Finanzierungen nur in Abhängigkeit von der Fähigkeit der kreditwürdigen Kunden eines Unternehmens, Rechnungen fristgerecht zu bezahlen.

Häufig vergeben Banken Kredite an kleine und mittlere Unternehmen, wenn diese über Sicherheiten verfügen. Ohne Nettovermögen, Sicherheiten und Cashflow wird eine Bank keine Kredite vergeben, vor allem nicht in der derzeitigen Wirtschaftslage. Das bedeutet, dass sich die Unternehmen anderweitig um eine Betriebsfinanzierung bemühen müssen.

Auf der anderen Seite verbessern nicht-traditionelle Bankressourcen den Cashflow, indem sie Betriebskapital für jede Rechnung bereitstellen, die ein Unternehmen generiert. Die Idee ist einfach: Steigerung des Umsatzes und Verbesserung des Zugangs zu Barmitteln. Solange die Kunden kreditwürdig sind und weiterhin pünktlich zahlen, werden die Kreditgeber Ihrem Unternehmen helfen, zu expandieren und erfolgreich zu sein.

Die flexible Finanzierung durch einen Forderungskredit ermöglicht es Ihnen, Ihre Rechnungen als Sicherheiten für einen schnellen Zugang zu Betriebskapital zu nutzen.

Vorteile der Inanspruchnahme eines Asset-Based Lender:

- Sofortiger Zugang zu Kapital.
- Die kontinuierliche Bereitstellung von flexiblem Betriebskapital zur Steigerung des Cashflows.
- Freisetzung von Humanressourcen für produktive Tätigkeiten.
- Investieren Sie mehr Zeit in das Wachstum Ihres Unternehmens und weniger Zeit in das Eintreiben von Zahlungen.
- Anders als bei einem herkömmlichen Bankkredit gehen Sie keine Schulden für Ihr Unternehmen ein.

- Sie können so viel finanzieren, wie Sie möchten.

Erleben Sie die Vorteile:

Asset-basierte Kreditvergabe bietet Ihrem Unternehmen eine einfache, individuelle Finanzierung, die es Ihnen ermöglicht, Ihre Chancen zu maximieren.

4. Website für Mitglieder.

Wenn Sie bereits ein Firmenmodell haben oder Ihre Firma gründen wollen, sollten Sie die Möglichkeit einer Mitgliedschaftsseite in Betracht ziehen. Auch wenn es davon abhängt, wie Ihre Mitgliederseite aufgebaut wird, können Sie sich beruhigt zurücklehnen, da die meisten Vorgänge automatisiert sind und sie sich selbst betreiben. Dies führt zu einem beständigen passiven Einkommensstrom, und diese Websites können auch auf andere Weise dazu beitragen, Restgeld zu generieren.

Wir werden nun viele bekannte Methoden zur Monetarisierung einer Mitglieder-Website untersuchen:

1. Gebühren für Mitgliedschaft und Abonnements.

Am Beispiel von Zeitschriften können wir sehen, dass sie ihren Kunden für eine monatliche Ausgabe einen jährlichen Preis berechnen. Viele Zeitschriften haben inzwischen ein automatisches Verlängerungssystem, was bedeutet, dass sich das Abonnement automatisch verlängert, wenn es nicht gekündigt wird.

Die Funktionsweise einer Abonnement-Website ist ähnlich. Als Inhaber einer Abonnement-Website können Sie eine Jahresgebühr erheben und die Abonnements automatisch verlängern. Ihre Gebühren können sich entweder monatlich, vierteljährlich, halbjährlich oder jährlich verlängern. Der Hauptgrund, warum dies so gut funktioniert, ist, dass Sie ein Niveau an Wert und Service bieten, das effektiv garantiert, dass Einzelpersonen ihre Mitgliedschaft behalten werden.

Eine gestaffelte Mitgliedschaft kann ebenfalls sehr beliebt sein und funktioniert durch das Angebot einer Silber-, Gold- oder Platinmitgliedschaft. Eine Silbermitgliedschaft bietet nur das Nötigste, während eine Goldmitgliedschaft eine höhere Qualität bietet. Die Platin-Mitgliedschaft ist teurer, muss aber auch einen außergewöhnlichen Wert haben. Mit einem solchen System haben Sie die Möglichkeit zum Upselling.

Ein anderes Abonnementmodell bietet ebenfalls eine kostenlose Mitgliedschaft und funktioniert im Allgemeinen auf die gleiche Weise wie der Aufbau einer Kontaktliste, bei der Sie den Leuten einen Anreiz bieten. Der Zweck der kostenlosen Mitgliedschaft besteht darin, dem Kunden einen risikofreien Blick auf Ihr Angebot zu ermöglichen. Um alle Vorteile Ihrer Organisation zu erhalten, müssen Ihre Mitglieder ein Upgrade auf eine kostenpflichtige Mitgliedschaft vornehmen.

2. Andere Monetarisierungsmöglichkeiten.

Die Erhebung einer monatlichen Gebühr ist jedoch nicht Ihre einzige Option. Je nach Ihrer Zielgruppe und Ihrer Geschäftsstrategie können die folgenden Methoden mit kostenpflichtigen oder kostenlosen Mitgliedschaften kombiniert werden. Andere Optionen sind:

Möglichkeiten für Partnerschaften und/oder Partnerprovisionen:

Die meisten Mitgliedschaftsmodelle bieten sich für Partnerschaften und Affiliate-Verkäufe an. Eine Möglichkeit ist das Informationsmarketing, das es Ihnen ermöglicht, bestimmte Produkte innerhalb des Inhalts Ihrer Website zu bewerben. Bei diesen Produkten kann es sich um Partnerprodukte oder von Partnern erstellte Produkte mit Einkommensbeteiligung handeln. Es gibt auch die Möglichkeit, Ihre bezahlte Mitgliedschaftsseite auf deren Website zu bewerben.

Sonstige Einnahmen:

Sie können auch Mitgliedschaftsseiten nutzen, um Ihre Produkte und Dienstleistungen zu bewerben. Ein virtueller Assistent könnte seinen Nutzern zum Beispiel jeden Monat fünf weitere Stunden Forschung bieten und gleichzeitig Alternativen zur Verfügung stellen, die den Gewinn steigern können.

Werbeeinnahmen:

Schließlich kann eine Mitgliedschafts-Website Werbegelder generieren, indem sie Werbeflächen an bestimmte Unternehmen verkauft. Alternativ können Sie sich an PPC-Programmen beteiligen, bei denen Sie Werbung auf Ihrer Website schalten und Geld erhalten, wenn diese angeklickt wird.

Bei der Entscheidung, welche Monetarisierungsstrategie für Ihr Unternehmen am besten geeignet ist, müssen Sie Ihre Ziele, Ihr Zielpublikum und den Nischenmarkt, an dem Sie interessiert sind, berücksichtigen. Diese Maßnahme erhöht die Wahrscheinlichkeit, dass Mitgliedschaftsseiten Ihr Einkommen und Ihre Gewinnspanne steigern.

5. Coaching verkaufen.

Bereiten Sie sich darauf vor, mit dem einfachsten Fünf-Schritte-Programm für den Verkauf von Coaching ein beträchtliches Einkommen zu erzielen.

Was wäre, wenn Sie die Schritte zum schnellen Geld entdecken würden, die Ihr Bankkonto sofort füllen würden?

Sind Sie daran interessiert, die Formel für den Verkauf von Online-Coaching zu lernen?

Dieser Abschnitt soll Sie darauf vorbereiten, mehr Geld zu verdienen, indem Sie Ihre Nachhilfe online verkaufen. Hier sind fünf einfache Schritte, die Ihren Nachhilfeverkauf automatisch steigern werden.

Schritt 1: Bieten Sie eine Erstattungsgarantie an.

Schritt 2: Bieten Sie kostenlose Tests und Workshops an.

Werbung auf der Website ist der Schlüssel zum Erfolg im dritten Schritt.

Das Ziel dieses Abschnitts ist es, Schritte für die Vermarktung des besten Coachings aufzuzeigen. Hier sind Anleitungen, die schnell und mühelos angewendet werden können.

Schritt 1: Bieten Sie eine Erstattungsgarantie an.

Sie können die Verbraucher mit Anreizen wie einer Geld-zurück-Garantie locken, die den Umsatz steigert und mehr Menschen ermutigt, mit Ihnen Geschäfte zu machen, indem sie das mit jedem Kauf verbundene Risiko verringert.

Diese Aufgabe wird das Vertrauen Ihrer Kunden stärken, da nichts verloren geht. Haben Sie Vertrauen in Ihre Fähigkeiten, denn diese Maßnahme wird für Ihre Kunden einen großen Unterschied machen. Geben Sie ihnen kostenlose Muster, die Ihre Werbung unterstützen werden.

Schritt zwei: kostenlose Tests und Workshops anbieten.

Führen Sie ein Seminar durch, bei dem Ihre Kunden umfassende Produktinformationen erhalten, und bieten Sie einen kostenlosen Test einer Ihrer Dienstleistungen an. Bieten Sie Ihre erste kostenlose Probefahrt an, damit die Verbraucher eher bereit sind, bei Ihnen zu kaufen. Auf diese Weise können Sie die Menschen vom Wert Ihrer Angebote überzeugen und ihnen zeigen, wie sie ihre Lebensqualität verbessern können. Versuchen Sie, die enorme Kraft der Website-Werbung zu nutzen.

Website-Werbung ist der Schlüssel zum Erfolg im dritten Schritt.

Das Verfassen von Artikeln zur Werbung für Ihre Website ist der Schlüssel zur Steigerung der Besucherzahlen. Nutzen Sie die Macht der Suchmaschinenoptimierung, um den Verkehr auf

Ihrer Website zu erhöhen. Über Ihre Website werden potenzielle Kunden leichter zu erreichen sein. Füllen Sie Ihre Website auch mit allen erwarteten Informationen. Geben Sie einen umfassenden Überblick über das, was Sie ihnen bieten wollen, einschließlich aller Ihrer Ideen.

6. Networking durch bezahlte Umfragen.

Einige von uns sind sich dessen vielleicht noch nicht bewusst, aber sind Sie mit der Vernetzung bei bezahlten Umfragen vertraut? Ich denke, die einzige Möglichkeit, mit bezahlten Umfragen Geld zu verdienen, besteht darin, rechtzeitig auf Umfragen zu antworten und sie an Umfrageseiten zu senden. Nach Abschluss der Aufgabe wird ermittelt, wie viele Fragen Sie in einem Monat beantwortet haben, und Sie werden bezahlt.

Unter Networking versteht man das Empfehlen eines Freundes oder das Empfehlen anderer Personen, sich einer Organisation oder einem Unternehmen anzuschließen. Wenn Sie also eine erfolgreiche Empfehlung abgeben, werden Sie mit Bargeld oder anderen Anreizen belohnt.

Diese Umfrageseiten zielen darauf ab, eine andere Art des grundlegenden Internetmarketings anzuwenden; Berichten zufolge wird diese Methode auch bei bezahlten Umfragen angewandt. Wenn Sie einer Umfrageseite beitreten, werden Sie Teil eines größeren Netzwerks.

Nach der Definition einer gesponserten Umfrage gibt es drei Hauptakteure in dieser Liga: das Marktforschungsunternehmen, die Werbetreibenden/Auftraggeber und Sie, der Verbraucher/Befragte. Den Netzwerkbeziehungen zwischen den drei Hauptakteuren sind mehrere Ebenen gewidmet. Doch wie funktioniert das Networking für die drei Hauptakteure einer bezahlten Umfrage?

Wenn Sie sich auf einer Umfrageseite anmelden, werden Sie zunächst auf der Grundlage Ihrer persönlichen Informationsprofile kategorisiert. Das bedeutet, dass Sie nach Geschlecht, sozialem

Status, Alter, Bildungsstand und/oder Beruf in eine Gruppe eingeteilt werden. Bewerber für bezahlte Umfragen werden in der Regel zu ihren Hobbys, Interessen und bevorzugten Lebensmitteln befragt.

Zweitens schließen die Kunden/Marktforschungsunternehmen/Werber einen Vertrag ab (oder bezahlen die Umfrageseite), um ihren Umfrageteilnehmern Links und E-Mails mit Online-Umfragen zu schicken. Diese Umfragen haben vorgegebene Qualifikationen für die Teilnehmer und werden direkt an diese Personen gesendet.

Nicht jedes Mitglied oder jeder Abonnent der oben genannten Umfrageseite erhält diese E-Mails und Links; Sie können täglich eine begrenzte Anzahl von Umfragen erhalten. Nach Abschluss der Umfrage wird Ihre Antwort in Punkte umgewandelt, und die Punkte, die Sie innerhalb einer Woche oder eines Monats sammeln, geben Ihr Einkommen an.

Zusammenfassend lässt sich sagen, dass Sie eine begrenzte Anzahl von Umfragen erhalten, die sich in Ihrem Geld niederschlagen. Wenn Ihre

Umfrageseite über ein Netzwerkprogramm verfügt, werden Sie, wenn Sie andere Personen für Ihre Umfrageseite werben, in Ihr Netzwerk aufgenommen, wenn diese akzeptiert werden.

Das bedeutet, dass Sie für jede bezahlte Umfrage, die sie durchführen, Geld erhalten. Wenn Ihre erfolgreiche Empfehlung eine andere Person anspricht, wird diese Person automatisch in Ihr Netzwerk aufgenommen, und Sie erhalten Provisionen für jede bezahlte Umfrage, die sie abschließt. Insgesamt ergibt sich dadurch eine weitere Möglichkeit, mit bezahlten Umfragen Geld zu verdienen, anstatt sich auf die Beantwortung von Umfragen zu beschränken.

7. Amazon-Einkommen.

Während sich viele Affiliate-Vermarkter auf den Verkauf digitaler Produkte konzentrieren, ist das Amazon-Associate-Programm aufgrund der vielen beliebten Produkte, für die Sie werben können, viel größer und möglicherweise lukrativer als die meisten anderen Affiliate-Programme.

Um als Amazon-Partner ein großes Einkommen zu erzielen, müssen Sie die richtigen Produkte für die Werbung auswählen und eine Strategie für den Verkauf dieser Produkte entwickeln. Rechnen Sie damit, anfangs nur ein geringes Einkommen zu erzielen, aber es ist möglich, ein Geschäft aufzubauen, das im Laufe der Zeit expandiert.

Um auf Amazon das meiste Geld zu verdienen, müssen Sie kreativ sein und vermeiden, andere Websites in Ihrer Branche zu imitieren. Sie können auf Ihrer Website für ein beliebtes Produkt in Ihrer Branche werben. Die Realität sieht jedoch so aus, dass ein gewisser Prozentsatz Ihrer Besucher das Produkt nicht kaufen möchte, da sie es bereits besitzen oder etwas Ähnliches, natürlich mit Ausnahme derjenigen, die aktiv einkaufen.

Um mehr Menschen zu erreichen, ist es notwendig, Hauptprodukte wie Kameras und damit verbundene oder ergänzende Artikel an diejenigen zu verkaufen, die bereits eine Kamera besitzen. Sie können Kameras einbeziehen, sollten aber auch auf andere Produkte abzielen, die für Fotofreunde von Interesse sein könnten, wie Bücher, Speicherkarten, Software und Objektive.

Die Prüfung der Statistiken und Berichte, die Sie von Amazon erhalten und die Aufschluss darüber geben, was die Kunden kaufen, ist eine kluge Methode, um herauszufinden, welche ähnlichen Produkte Sie verfolgen sollten. Sie werden feststellen, dass die Kunden nicht nur die Dinge kaufen, die direkt vermarktet werden, sondern auch andere Produkte.

Die Beobachtung des Kaufverhaltens kann auch Marketingideen für Unternehmen in anderen Kategorien liefern. Sie können neue Produkte auf Amazon vorverkaufen, bevor sie offiziell erhältlich sind, eine Strategie, die nur wenige anwenden.

Dies ist nicht für jedes Produkt auf Amazon möglich, aber oft können Sie neue Produkte bewerben und vorverkaufen, bevor sie der Öffentlichkeit zugänglich gemacht werden. Denken Sie daran, für jedes neue Produkt, das Sie bewerben, eine Amazon-Seite zu suchen. Wenn es eine solche Seite gibt, können Sie auf Ihrer Website oder in Ihrem Blog darauf hinweisen, dass das Produkt bereits auf Amazon vorbestellt werden kann.

Die hochpreisigen Produkte, die Amazon verkauft, stellen für Sie ein Potenzial dar, um mehr Geld zu verdienen. Sie können zwar nicht erwarten, dass hochpreisige Produkte genauso gut verkauft werden wie niedrigpreisige, aber wenn Sie einen Verkauf tätigen, verdienen Sie deutlich mehr. Bei einigen hochpreisigen Artikeln, wie z. B. Schmuck, können Sie Provisionen von 100 Dollar oder mehr erzielen.

Wir hoffen, dass Sie nun die verschiedenen Faktoren, die Ihr Einkommen als Amazon-Partner beeinflussen, besser verstehen. Eines der besten Dinge, die Sie von Anfang an tun können, ist, dieses Unterfangen wie ein legitimes Geschäft anzugehen. Es gibt so viele Dinge, die Sie tun können, aber eines davon ist, jeden Tag alle möglichen Maßnahmen zu ergreifen.

8. Dropshipping Saisonale Produkte.

Der Weihnachtstrubel ist wieder da. Die Menschen kaufen viele Artikel zum Verschenken oder als Geschenke für ihre Liebsten. In dieser Saison haben Sie die Möglichkeit, zusätzliches Geld zu verdienen. Der saisonale Versand von Waren könnte eine hervorragende Möglichkeit sein, während der Weihnachtszeit zusätzliches Geld zu verdienen.

Weltweit feiern die Menschen die Weihnachtszeit. Viele Menschen kaufen für sich selbst oder ihre Lieben ein. Überall, wo man hinsieht, gibt es Partys. Die Liste umfasst Firmengeschenke, Tauschgeschenke, Geschenke für Familie und Freunde und vieles mehr. Dies sind nur einige der Artikel, die in dieser Saison besonders gefragt sind.

Der Versand per Dropshipping ist ganz einfach. Sie können diese Aufgabe sogar mit geschlossenen Augen erledigen. Dies ist der perfekte Zeitpunkt, um ein Online-Dropshipping-Geschäft zu starten, wenn Sie in der Weihnachtszeit nichts zu tun haben.

Sie sollten nach Großhandelsversendern von Saisonprodukten suchen. Suchen Sie nach Anbietern, die preiswerte, qualitativ hochwertige Produkte verkaufen. Überprüfen Sie deren Zuverlässigkeit als Großhändler. Fordern Sie ein Muster an und prüfen Sie die Qualität, wenn Sie beabsichtigen, die Produkte in großen Mengen zu kaufen. Wenn Sie zufrieden sind, können Sie ein günstiges Angebot für den Streckenhandel aushandeln.

Als Nächstes sollten Sie eine Website einrichten, auf die Sie Bilder der Produkte hochladen, die Sie verkaufen möchten. Stellen Sie sicher, dass Ihre Website ansprechend genug ist, um die Aufmerksamkeit der Kunden zu erregen. Sobald alles eingerichtet ist, sollten Sie auf alle Kunden-E-Mails antworten. Wenn sie sich nach einem bestimmten Produkt erkundigen, gehen Sie auf alle ihre Anfragen ein.

Wenn ein Käufer zufrieden und an einem Produkt interessiert ist, wird er oder sie einen Kauf tätigen. Vergewissern Sie sich, dass die Ware in zufriedenstellendem Zustand angekommen ist. Sobald der Käufer bezahlt hat, können Sie sich sofort mit Ihrem Dropshipper in Verbindung setzen und die Ware an die vom Kunden angegebene Adresse liefern lassen.

Dropshipping Die Rentabilität des Unternehmenssektors von heute steigt. Viele Unternehmer, die sich auf diese Art von Geschäft eingelassen haben, florieren jetzt als vollwertige Geschäftsleute und verdienen ein erfreuliches Einkommen.

Kinderbekleidung, insbesondere Babykleidung, ist eine der gefragtesten Nischen für das Dropshipping von Kleidung. Typischerweise kauften Frauen Babykleidung im Übermaß.

Das liegt daran, dass Babykleidung, insbesondere Windeln, oft gewechselt werden muss. Die meisten Mütter möchten Kleidung, die etwas größer ist als die Größe ihres Babys, für den späteren Gebrauch kaufen. Auf diese Weise können Mütter sowohl Geld als auch Zeit sparen, da sie nicht mehr ins Einkaufszentrum gehen und einen Großteil des Tages mit der Suche nach Babykleidung verbringen müssen.

Die meisten Dropshipping-Geschäfte, die sich auf diese Bekleidungslinie spezialisiert haben, haben sich dem Großhandels-Dropshipping zugewandt. Diese Geschäftsleute arbeiten in der Regel weiterhin mit den Fabrikbesitzern zusammen, die sie zuvor ausgewählt haben, aber diesmal verkaufen sie Babykleidung in großen Mengen weiter.

Außerdem bevorzugten die Fabrikbesitzer diese Art von Geschäft, da auch ihr Umsatzvolumen zunahm. Auf der anderen Seite profitieren Sie von dieser Vereinbarung, weil Sie die gekaufte Ware bequem veräußern können. So können Sie Ihre Investitionen durch den Gewinn leicht wieder hereinholen.

Manche Fabrikbesitzer sind mit einer Konsignation einverstanden, vor allem wenn Sie einer ihrer zuverlässigsten Kunden sind, der einen beträchtlichen Gewinn erwirtschaftet. Dies ist ein hervorragender Zeitpunkt für Sie, denn Ihre Auszahlungen werden überschaubarer, und Sie können das gesparte Geld für die Verbesserung Ihrer Website und den Vertrieb anderer Werbeartikel verwenden.

Die Internettechnologie bringt das Geschäft in Schwung, insbesondere die Dropshipping-Branche. Mit Hilfe des Internets kann Ihr Bekleidungsgeschäft weltweit expandieren. Mütter aus der ganzen Welt können jetzt Ihre Kunden werden. Sie können sich mit ihnen unterhalten, als ob Sie Nachbarn wären.

Das einzige Problem ist die Zeitbeschränkung, da sich die meisten Ihrer Kunden in verschiedenen Zeitzonen befinden. In bestimmten Fällen kann es vorkommen, dass Ihr Kunde Sie mitten in der Nacht kontaktiert. Suchen Sie einfach nach einem Helfer für die Nacht.

Wer Schwierigkeiten aushält und sie annimmt, kann leicht Geld verdienen. Es ist befriedigend zu wissen, dass man auch dann eine feste Anstellung haben kann, wenn man arbeitslos ist. Sie versuchen nicht nur, Ihr Ansehen zu verbessern, sondern helfen auch Ihrem Land beim Abbau der Arbeitslosigkeit.

Die Dropshipping-Branche erfordert eine ständige Überwachung der Preisschwankungen und der Produktnachfrage. Es ist wichtig zu wissen, was sich auf konkurrierenden Websites schnell verkauft. Dann können Sie das Beste aus dem machen, was Sie haben.

9. Devisenhandel.

Der Devisenhandel ist für den typischen Händler auf dem Devisenmarkt zugänglich. Man muss kein professioneller Händler oder Broker sein, um am Devisenmarkt teilzunehmen. Dieser Markt ist vierundzwanzig Stunden am Tag verfügbar und erstreckt sich über viele Marktplätze und Länder, so dass Sie von der globalen Wirtschaft und dem Geld profitieren können.

Mit etwas Bildung, Entschlossenheit und gesundem Menschenverstand können Sie lernen, wie Sie auf dem Devisenmarkt erfolgreich sein können.

Forex Swing Trading ist eine Art des Handels auf dem Markt, die es Ihnen ermöglicht, von einer Kursbewegung zu profitieren, bevor oder nachdem sie eintritt.

Bevor Sie in den Forex-Markt einsteigen, sollten Sie eine Trainingsplattform genutzt haben, um zu verstehen, wie der Markt funktioniert und um zu erkennen, wann ein Swing stattfindet. Auf Schulungsplattformen wird häufig der Swing-Handel besprochen und wie man mithilfe von Indikatoren feststellen kann, wann ein Swing eintreten wird oder eingetreten ist.

Sobald Sie festgestellt haben, wann ein Swing eintritt, müssen Sie entscheiden, auf welcher Seite Sie stehen wollen. Es gibt Möglichkeiten, während, vor und nach einem Swing-Trading zu kaufen und zu verkaufen. Um ein optimales Ergebnis zu erzielen, ist es wichtig zu wissen, wann man einen Swing handelt.

Der Devisen-Swing-Handel ist zwar nur eine der Taktiken, die von erfahrenen Händlern und typischen Anlegern angewandt werden, aber aufgrund des Nervenkitzels, den er bietet, ist er eine der beliebtesten. Es ist ratsam, diese Strategie erst dann anzuwenden, wenn Sie über mehr Erfahrung im Devisenhandel verfügen und die Schwankungen beobachtet haben.

Dies wird Ihren Erfolg beim Forex-Swing-Trading steigern und Ihre Fähigkeit verbessern, die besten Bewegungen während eines Swings vorherzusagen. Sobald Sie diese Strategie beherrschen, werden Sie zu den besten Devisenhändlern gehören und in der Lage sein, aus Marktschwankungen Kapital zu schlagen, anstatt Geld zu verlieren.

10. Grüne Ausbildung.

Die Nutzung erneuerbarer Energien und die Ansiedlung von Öko-Arbeitsplätzen werden viele Perspektiven für neue grüne Berufe schaffen und ein wichtiges Element bei der Entwicklung neuer Möglichkeiten sein.

Unternehmen, die auf grüne Energie umstellen, haben einen enormen Einfluss auf das Wachstumspotenzial grüner Arbeitsplätze. Sie alle suchen jemanden mit Fachwissen in diesem Sektor, damit sie ihn in ihren Unternehmen umsetzen können.

Wie könnte Green Training genutzt werden?

Um Fachwissen über grüne Energie in ein Unternehmen einzubringen, muss das Unternehmen über qualifiziertes Personal in diesem Bereich verfügen. Da es sich um eine neue Branche handelt, müssen viele Unternehmen umschulen oder neue Mitarbeiter einstellen, um grüne Arbeitsplätze zu besetzen. Die gesamte grüne Wirtschaft braucht mehr ausgebildete Personen, die sie unterstützen und anpassen.

Universitäten und Hochschulen haben begonnen, Kurse zu Umweltthemen anzubieten. Die Regierung stellt Zuschüsse für die Ausbildung von Personen für neue Öko-Jobs zur Verfügung, und die Unternehmen verwenden Zuschussmittel, um so viele

Personen wie möglich zu schulen, damit sie in den grünen Markt einsteigen können.

Menschen, die eine grüne Ausbildung anstreben, fühlen sich anfangs vielleicht überfordert, da sie sich nicht entscheiden können, welche der enormen Möglichkeiten, die die grüne Wirtschaft bietet, sie wahrnehmen wollen.

Hier ein paar erste Schritte:

Selbstbildung - Bevor Sie Geld ausgeben, nehmen Sie sich etwas Zeit, um die grüne Wirtschaft zu lesen und zu verstehen. Artikel und Online-E-Books werden Ihren Fortschritt beschleunigen.

Ihre Fähigkeiten - Stellen Sie sicher, dass Sie wissen, was Sie wollen. Wenn Ihnen Ihre Arbeit Spaß macht, können Sie sich nach umweltbezogenen Stellen umsehen oder lernen, wie Sie schnell "grüner" werden können.

Grüne Ausbildung - Eine gute Ausbildung ist der Ausgangspunkt, wenn Sie den Wandel mitgestalten wollen. Der Beschäftigungssektor der grünen Wirtschaft expandiert schnell und schafft neue Arbeitsplätze.

Die grüne Wirtschaft umfasst alle Wirtschaftszweige; fast jeder bisherige Arbeitsplatz kann in einen grünen Arbeitsplatz umgewandelt werden. Die grüne Wirtschaft schafft neue Arbeitsplätze im verarbeitenden Gewerbe und unterstützt gleichzeitig alle anderen Beschäftigungssektoren.

Denken Sie an Solarenergie, Windenergie, Energieeinsparung und grünes Bauen als Bereiche der grünen Ausbildung.

Aus historischer Sicht werden die nächsten Jahre als diejenigen in Erinnerung bleiben, die die Zukunft der grünen Wirtschaft und der Ökojobs geprägt haben.

11. Outsourcing.

Die Möglichkeit, den Gewinn zu steigern, ist eine der Gelegenheiten, die Geschäftsleute suchen. Sie können verschiedene Taktiken anwenden, wenn Sie ein Unternehmen besitzen und Ihre Einnahmen steigern möchten.

Heute nutzen multinationale Unternehmen und Online-Firmen das Outsourcing, um ihre Einnahmen zu maximieren. Aufgrund der vielen Vorteile, die zur Umsatzsteigerung eines Unternehmens beitragen können, wird Outsourcing als Methode zur Suche nach qualifizierten Mitarbeitern immer beliebter.

Outsourcing kann Ihnen in vielerlei Hinsicht helfen, dieses Ziel zu erreichen. Outsourcing kann für Ihr Unternehmen von Vorteil sein, indem es Ihre Lohn- und Gehaltskosten senkt. Wenn Sie Ihre Gehalts- und Lohnkosten senken können, haben Sie die Chance, Ihren Gewinn zu steigern.

Da die Gehälter der ausgelagerten Mitarbeiter niedriger sind als die normaler Angestellter, können Sie Ihre Gehalts- und Arbeitskosten durch

Outsourcing senken. Dies ist aufgrund der unterschiedlichen Lebenshaltungskosten zwischen dem Unternehmen und dem ausgelagerten Mitarbeiter möglich.

Wenn Sie einen ausgelagerten Mitarbeiter einstellen, müssen Sie sich nicht einmal Gedanken über Vergünstigungen und Prämien machen. Festangestellte Mitarbeiter wollen Leistungen wie eine Kranken- und Zahnversicherung sowie 13- und 14-monatige Prämien. Wenn Sie einen ausgelagerten Mitarbeiter einstellen, müssen Sie sich über solche Umstände keine Gedanken mehr machen.

Eine weitere Möglichkeit zur Gewinnsteigerung durch Outsourcing ist die Senkung der Produktionskosten. Wenn Sie reguläre Mitarbeiter einstellen, verbrauchen diese Wasser und Strom. Ein Leiharbeiter trägt nicht zum Anstieg Ihrer Betriebskosten bei.

Dadurch erhöhen sich die monatlichen Betriebskosten Ihres Unternehmens. Im Gegensatz dazu ist ein ausgelagerter Mitarbeiter für seine

Betriebskosten verantwortlich. Er ist für den Kauf und die Bezahlung seines Computers und Internetanschlusses verantwortlich.

Durch die Maximierung der Produktion kann das Outsourcing auch eine Chance zur Gewinnsteigerung bieten. Gelegentlich ist Ihr Team nicht in der Lage, die Bedürfnisse Ihrer Kunden zu erfüllen. Dies hindert Sie daran, Ihre Einnahmequellen zu erweitern und auszubauen. Durch Outsourcing können Sie die qualifiziertesten Kandidaten finden, die die Bedürfnisse Ihrer Kunden erfüllen können.

Durch Outsourcing wird der gesamte Globus zu Ihrem Arbeitskräfteangebot. Sie sind nicht auf die lokalen Humanressourcen beschränkt. Outsourcing kann Ihnen viele weitere Möglichkeiten bieten, Ihr Einkommen zu steigern. Besuchen Sie Websites mit diesen Informationen, um mehr zu erfahren.

Beschränken Sie sich nicht auf überteuerte einheimische Arbeitskräfte; durch Outsourcing über eine seriöse Plattform sind viele qualifizierte und brillante ausländische Arbeitskräfte bereit, sich Ihrem Geschäftsimperium anzuschließen.

Wenn Sie wissen, wo Sie diese Personen online finden, können Sie im Vergleich zu einer herkömmlichen Einstellung vor Ort mindestens 50 Prozent sparen. Diese Kostensenkungen können mehr als ausreichend sein, um Ihr Unternehmen zu erweitern.

12. Schreiben von gesponserten Blogbeiträgen.

Wenn Sie bloggen, tun Sie das, weil Sie sich für das, worüber Sie in Ihren Blogs schreiben, begeistern. Sie wollen Ihre Informationen mit der Welt teilen. Sie möchten damit Geld verdienen.

AdSense ist die beliebteste Werbeplattform unter Bloggern und Website-Publishern, da sie inhaltsrelevante Werbung für einen Blog oder eine Website bereitstellt. Die Leute verdienen damit eine Menge Geld. Manche Menschen verdienen mit AdSense sechsstellige Beträge. Dies hängt jedoch stark von der Popularität Ihres Blogs und seiner Fähigkeit ab, Besucher von Suchmaschinen anzuziehen.

Neben AdSense gibt es noch einige andere Möglichkeiten, Ihr Blog zu Geld zu machen, z. B. Partnerprogramme, bei denen großzügige Gebühren für die Verkäufe und Leads gezahlt werden, die Sie über Ihre Website für Werbekunden generieren. Wenn Sie also mit keiner Website verbunden sind, entgeht Ihnen eine enorme Möglichkeit, Geld zu verdienen.

Gesponsertes Schreiben wird in der Tat unter Bloggern immer beliebter. "Gesponsertes Schreiben" hat im letzten Jahr an Popularität gewonnen und ist bei den meisten Bloggern sehr beliebt geworden. Dies wird auch als "Paid Blogging" bezeichnet; was ist Paid Blogging?

Einige Websites stellen eine Verbindung zwischen Werbetreibenden und Bloggern her, die typischerweise als "Paid Blogging Sites" bezeichnet werden. Diese Websites enthalten viele Vermarkter, die jemanden suchen, der gegen Bezahlung über ihre Dienstleistungen, Produkte oder Websites schreibt.

Wenn die bezahlte Blogging-Website Ihren Beitrag genehmigt, werden Sie dafür entschädigt und sind verpflichtet, die Bewertung in Ihrem Blog zu veröffentlichen.

Dies erfreut sich zunehmender Beliebtheit, da diese Bewertungen nicht wie Werbung aussehen und die Autoren dafür viel Geld erhalten. Einige Websites zahlen 100 Dollar für einen Beitrag von nur 400 Wörtern. Der zweite Grund ist, dass Ihre Besucher Informationen über neue Produkte und Dienstleistungen erhalten.

Auf einigen Websites können Sie sich so kritisch wie möglich über die Produkte des Anbieters äußern, während Sie auf anderen Websites nur gute Dinge über den Anbieter schreiben dürfen.

Der Betrag, der Ihnen gezahlt wird, hängt von Variablen wie dem Page Rank Ihres Blogs und den Besucherzahlen ab. Maximieren Sie daher Ihre

Einnahmen durch gesponsertes Schreiben und melden Sie sich bei so vielen Paid Blogging-Websites wie möglich an, um Ihr Blog so vielen Werbekunden wie möglich zugänglich zu machen.

13. Online-Coaching-Programm.

Es gibt so viele Dinge, die Menschen heute lernen müssen, um im Leben erfolgreich zu sein. Um ihr Geschäft zu verbessern, müssen sie vielleicht die Fähigkeit des Online-Marketings beherrschen, oder sie möchten sich in Kurse zur Persönlichkeitsentwicklung einschreiben. Die meisten dieser Menschen haben nicht die Zeit, herkömmliche Hochschulkurse zu besuchen, also schreiben sie sich in Online-Coaching-Programme ein, um das notwendige Wissen zu erwerben.

Als Vermarkter können Sie es sich nicht leisten, diese Chance zu verpassen. Sie sollten nicht nur prüfen, ob Sie Online-Coaching-Programme anbieten können, um Ihre Online-Einnahmen zu steigern, sondern Sie sollten auch in Betracht ziehen, Ihre Gebühren zu erhöhen, um Ihre Einnahmen zu steigern. Hier erfahren Sie, wie Sie das erreichen können:

Bauen Sie Ihre Autorität online auf. Wenn niemand Sie kennt oder Ihnen vertraut, ist es unmöglich, ein vernünftiges Geschäft zu machen, geschweige denn Ihre Preise zu erhöhen. Deshalb müssen die Online-Besucher Sie als Autorität in der von Ihnen gewählten Branche wahrnehmen.

Geben Sie einen Teil Ihres Fachwissens an diese Personen weiter, indem Sie effiziente Internettechniken einsetzen (Blogging, Forenbeiträge, Webinare, Artikelmarketing und Veröffentlichung von Ezines).

Vergewissern Sie sich, dass Sie potenziellen Kunden bei der Lösung ihrer dringenden Probleme helfen oder sie in die Lage versetzen können, selbstständig zu arbeiten. Nur so können Sie Ihren Wert unter Beweis stellen und ihr Vertrauen gewinnen.

Informieren Sie sich über die Konkurrenz. Sie können Ihre Dienstleistungen mit denen Ihrer Konkurrenten vergleichen. Haben Sie andere Vorteile? Sind Ihre Artikel nützlicher? Wenn Sie der Meinung sind, dass Ihre Artikel Ihren Konkurrenten deutlich überlegen sind, können Sie Ihre Preise um bis zu 100 Prozent erhöhen. Sie brauchen sich keine Sorgen zu machen, dass Sie Kunden verlieren, wenn Sie sie davon überzeugen können, dass Ihre Produkte wertvoller sind als gleichwertige Produkte, die online verkauft werden.

Verstehen Sie Ihren Zielmarkt. Sie können Ihre Preise nicht erhöhen, wenn Ihr Zielmarkt kaum über die Runden kommt. Bevor Sie Ihre Preise erhöhen und vorhersagen, um wie viel Ihre Preise steigen werden, müssen Sie die Kaufkraft Ihrer Kunden genau kennen. Ermitteln Sie durch Nachforschungen, wie viel Geld Ihre Zielgruppe verdient und wie sie reagieren würde, wenn Sie den Preis für Ihre Online-Coaching-Pakete erhöhen würden.

14. Online-Vermarktung.

Wussten Sie, dass die Vermarktung von Internetgeschäften Ihre Cashflow-Probleme beseitigen kann? Die Vermarktung Ihres Produkts oder Ihrer Dienstleistung oder die Vermarktung eines Produkts oder einer Dienstleistung für andere kann Ihnen das zusätzliche Geld verschaffen, das Sie in einer Notlage benötigen. Es ist wahr, dass Zehntausende von Menschen dies jeden Tag tun und sich dabei auszeichnen.

Neben der Werbung für ein Produkt oder eine Dienstleistung über eine Website ist es von Vorteil, online Geld zu verdienen, da Sie auch über drahtlose Medien und E-Mail Menschen erreichen können. Dies könnte der ideale Nebenjob für Sie sein, wenn Sie sich mit der Gestaltung von Websites auskennen und Spaß an Verkauf und Marketing haben. Manche Menschen sind in ihren Internet-Bemühungen so erfolgreich, dass sie keine traditionelle Beschäftigung benötigen.

Auch wenn Sie kein echter Experte in diesen Bereichen sind, können Sie sich die nötigen Werkzeuge und Ressourcen aneignen, wenn Sie wirklich daran interessiert sind, online Geld zu verdienen, indem Sie eine Ausbildung absolvieren. Wenn Sie sich die Zeit nehmen, sich umfassend zu informieren, können Ihnen viele kostenlose, benutzerfreundliche Tools und Dienste bei Ihrem Ziel der finanziellen Sicherheit helfen.

Sie sollten sich mit den verschiedenen Arten von Werbung vertraut machen, mit denen Besucher auf eine Website gelockt werden. Dies kann in Form von Display-Werbung geschehen, bei der Banner oder Anzeigen auf einer Website geschaltet werden, um ein Produkt oder eine Dienstleistung zu bewerben, die dem von Ihnen vermarkteten Produkt ähnelt. Dies ist eine weit verbreitete Strategie, um den Bekanntheitsgrad Ihrer Produkte zu erhöhen, und die Anzeigenschaltung kann kostenpflichtig sein.

Affiliates sind eine weitere Methode zur Vermarktung von Produkten und Dienstleistungen im Internet. Bei dieser Form der Werbung erhält ein Partner eine Vergütung für jeden Besucher, den er auf die Website eines anderen Unternehmens bringt. Viele Unternehmen zahlen eine Gebühr für jeden Kunden, der ihre Website besucht, und oft noch mehr für diejenigen, die einen Kauf tätigen.

Die Nutzung sozialer Medien ist heute eine weit verbreitete Technik des Internetmarketings. Die Nutzung einer Social-Media-Gruppe für die Werbung auf einer Website oder über andere Kanäle erhöht die Zahl der Klicks, die sonst nicht erfolgen würde. Social-Networking-Gruppen haben naturgemäß einen hohen Anteil an organischem Traffic.

Videomarketing ist ein sehr effektives Mittel zur Generierung von Website-Besuchern. Dabei werden Filme entwickelt und arrangiert, um den Betrachter zu fesseln und ihn zu einem Besuch der Website und einem Kauf zu bewegen.

Wenn Sie sich davon angesprochen fühlen, sollten Sie sich überlegen, welche Art von Produkt oder Dienstleistung Sie anbieten oder für andere werben möchten. Es ist unvernünftig zu erwarten, dass man über Nacht reich wird, aber mit der richtigen Nische und der richtigen Ausbildung ist Online-Marketing ein hervorragender Weg, um anzufangen!

KAPITEL 5: WIE SIE $5.000 PRO STUNDE VERDIENEN UND IHREN CASHFLOW STEIGERN KÖNNEN.

Der Cashflow ist das Lebenselixier Ihrer geschäftlichen und persönlichen Finanzen und entscheidet darüber, ob Ihr Unternehmen oder Ihr Bankkonto überleben oder untergehen wird. Unternehmen und Einzelpersonen, die über einen reichhaltigen, leicht verfügbaren Cashflow verfügen, werden mit größerer Wahrscheinlichkeit in schwierigen oder günstigen wirtschaftlichen Situationen erfolgreich sein.

Damit ein Heimunternehmen erfolgreich sein kann, muss neben dem Marketing auch die Erzielung eines stetigen Einkommensstroms ein wichtiges Ziel sein. In Wirklichkeit ist der Cashflow der einzige

Faktor, der alle anderen Unternehmensaktivitäten bestimmt. Er lässt Ihnen Luft zum Atmen, und sein Fehlen wird Ihr Unternehmen oder Ihr Bankkonto ersticken.

Der Cashflow ermöglicht es Ihnen, vernünftige Entscheidungen zu treffen, die auf intuitiven Geschäftsprinzipien beruhen und nicht auf dem Grad Ihrer finanziellen Ängste. Er hilft Ihnen, einen guten Kredit bei Kreditgebern und Lieferanten zu bekommen und ermöglicht es Ihnen, weiterhin Marketing und Werbung für Ihr Unternehmen zu kaufen.

Werbung und die Mittel, die erforderlich sind, um Ihr Unternehmen kontinuierlich zu vermarkten und die Umsätze zu steigern. Ein reichlicher Cashflow bedeutet, dass Ihre Rechnungen weiterhin pünktlich bezahlt werden, dass die Gehaltskosten gedeckt werden, wenn Sie jemand anderen als sich selbst einstellen, und dass Ihr Stresspegel als direkte Folge der Erfolge Ihres Unternehmens sinkt.

Die Steigerung Ihres Cashflows an jedem Tag, an dem Sie ein Heimbüro oder ein anderes Unternehmen betreiben, ist entscheidend für die Erzielung der beständigen Ergebnisse, die für das Überleben und den Erfolg Ihres Unternehmens notwendig sind. Wie können Sie also einen kontinuierlichen Cashflow und ein beständiges Cashflow-Wachstum im Laufe der Zeit sicherstellen?

Beteiligen Sie sich an einem Unternehmen mit einem optimalen Vergütungsplan, der bei jedem Verkauf einen erheblichen Cashflow generiert. Das scheint leichter gesagt als getan zu sein, oder? Falsch. In den meisten Fällen fangen Unternehmer, die zu Hause arbeiten, gerade erst an, auf ein Geschäft aufzuspringen, das verspricht, gut zu zahlen.

Das Geschäftsvolumen, das erforderlich ist, um die versprochenen Gewinne zu erzielen, übersteigt jedoch oft die Möglichkeiten der meisten Menschen. Allzu oft treten Einzelpersonen in ein Unternehmen ein, das von ihnen verlangt, enorme Mengen an Produkten zu bewegen oder eine Fülle von

Dienstleistungen zu erbringen, um erhebliche finanzielle Erträge zu erzielen.

Der Verkauf oder die Werbung für ein Produkt oder eine Dienstleistung, die den Verbraucher 20, 30 oder 40 Dollar oder mehr kostet, bringt nicht die gleichen Provisionen oder Gewinne ein wie der Verkauf oder die Vermarktung eines Produkts oder einer Dienstleistung, die den Verbraucher 1.000, 5.000 oder 10.000 Dollar oder mehr kostet.

Das Argument wird immer sein, dass sich diese höherpreisigen Produkte nicht so oft verkaufen. Dem stimme ich nicht zu: Wenn das Produkt das Leben des Verbrauchers verbessert und einen Mehrwert bietet, kann es vermarktet und verkauft werden und den Cashflow erhöhen.

Suchen Sie nach einem Produkt oder einer Dienstleistung, das/die nicht Tausende von Kunden benötigt, um rentabel zu sein, und bei dem/der Sie nicht jeden Tag lange arbeiten müssen. Als Restaurantleiter musste ich das Restaurant mindestens 16 Stunden am Tag, sieben Tage die

Woche und 52 Wochen im Jahr geöffnet halten und Kunden bedienen, die 10 bis 20 Dollar pro Person ausgaben, um Tausende von Dollar an wöchentlichen Einnahmen zu erzielen.

Ich stellte Hunderte von Mitarbeitern für die Restaurants ein und brauchte diese enormen Strukturen, um das Geschäft zu betreiben, ein Geschäft mit enormen Gemeinkosten. Jahr für Jahr war das sehr anstrengend.

Heute ist es sinnvoller, ein Produkt oder eine Dienstleistung zu verkaufen, für die man nicht viele Verbraucher braucht, um Zehntausende von Dollar Umsatz zu erzielen. Der höhere Ertrag aus Marketing und Werbung senkt die Gemeinkosten und macht Arbeitskräfte überflüssig, wodurch der Cashflow steigt und Ihr Unternehmen expandieren kann.

Führen Sie automatisierte Systeme ein. Mit der heutigen Technologie können Sie auf Systeme zugreifen, die, wenn sie einmal eingerichtet sind, Ihr Geschäft praktisch 24 Stunden am Tag, 7 Tage die Woche, 365 Tage im Jahr betreiben, sogar während

Sie schlafen, mit Ihren potenziellen Kunden in Kontakt bleiben und mehrere Transaktionen durchführen, ohne dass Sie sozusagen "die Kasse im Auge behalten" müssen.

Durch den Zugriff auf diese Systeme und die Integration Ihrer Produkte und Dienstleistungen kann Ihr Unternehmen auch dann weiterarbeiten, wenn Sie im Urlaub sind oder sich einen Tag frei nehmen. Sie müssen nicht physisch anwesend sein, um jeden Verkauf mit Ihren Kunden abzuschließen.

Die meisten Menschen, die von zu Hause aus arbeiten, benötigen lediglich einen Internetzugang, einen Computer, Marketing- und Werbematerialien sowie ein automatisches Antwortsystem, und schon können sie das System seine Arbeit machen lassen. Voilà, wenn die Umsätze steigen, steigt auch der Cashflow!

Stellen Sie sicher, dass Sie zuerst bezahlt werden. Ich habe es schon gesagt. Dies ist für den Finanzfluss unerlässlich. Ohne eine Vergütung für das, was Sie verkaufen, ist die Führung eines Unternehmens sinnlos, weil es keinen Cashflow gibt.

Mit der heutigen Technologie können Sie Zahlungssysteme wie PayPal, Alertpay, MoneyPak und Kredit-/Debitkartentransaktionen direkt in eine Website integrieren und werden fast sofort für Produkte und Dienstleistungen bezahlt, ohne auf einen Scheck von einer Muttergesellschaft warten zu müssen oder darauf, dass Gelder aus dem Home-Office nach unten sickern.

Die sofortige Bezahlung von Waren und Dienstleistungen ist im digitalen Zeitalter zur Norm geworden. Kein Warten auf die Zahlung. Das verbessert Ihre Liquidität. Indem Sie Joint-Venture-Beziehungen mit Unternehmen eingehen, die mit Ihnen kompatibel sind, und schnelle Zahlungen ermöglichen, erhöhen Sie Ihre Einnahmen und senken Ihre Ausgaben. Das ist eine Win-Win-Situation.

Wenn Sie von zu Hause aus arbeiten oder ein Heimarbeitsunternehmen gründen, werden Sie weniger Geschäfts- und Gemeinkosten haben und effizienter arbeiten können als die meisten großen Unternehmen. Es besteht keine Notwendigkeit für eine Struktur oder ein Büro.

Sie brauchen keine Miete oder Pacht zu zahlen, Sie brauchen keine exorbitanten Versicherungsprämien zu zahlen, und wenn Sie Ihre Versicherungspolicen, Telefontarife und Krankenversicherungen überprüfen, vor allem, wenn Sie das in der letzten Zeit nicht getan haben, werden Sie zusätzliche Einsparungen finden, die Ihren Cashflow erhöhen werden.

Wenn Sie kosteneffizientere Wege finden, Ihr Unternehmen zu betreiben, können Sie hier und da Fett abbauen. Dadurch können Sie Ihren Cashflow und Ihre Gewinne erheblich verbessern und das verfügbare Kapital Ihres Unternehmens erhöhen.

Bieten Sie digitale Waren und Dienstleistungen an. Im Technologie-/Informationszeitalter ist ein digitales Produkt leicht und einfach zu vertreiben, und Sie können sofort Gewinne erzielen. Die Abkehr von der Anhäufung von Hardware, Produktvorräten und Lagerbeständen, die in den Regalen auf den Verkauf warten oder zur Herstellung oder Konstruktion von Produkten verwendet werden und wichtige finanzielle Reserven binden, wird den Cashflow erheblich beeinflussen.

Der Verkauf eines digitalen Produkts oder einer digitalen Dienstleistung ist eine Möglichkeit, schnell Geld zu verdienen. Damit entfällt der Bedarf an physischem Inventar, das sich nur dann verkauft, wenn Sie es bearbeiten, verpacken und an einen anderen Ort transportieren, was mit Kosten verbunden ist. Außerdem werden dadurch wertvolle liquide Mittel für andere Zwecke freigesetzt.

Befolgen Sie die 80/20-Regel. Die 80/20-Regel besagt, dass nur 20 % Ihrer Interessenten und Kunden 80 % Ihres Gewinns ausmachen. (oder, im Falle einer dienstleistungsbasierten Organisation, Bemühungen). Die 20 % Ihres Kundenstamms, die das kaufen, was Sie verkaufen, dienen als Fokusgruppe für zukünftige Produkte und Dienstleistungen.

Warum sollten Sie sich auf ein Geschäft oder eine Geschäftsgelegenheit zu Hause einlassen, bei dem Sie Tausende von potenziellen Kunden finden müssen, um den gleichen Cashflow zu erzielen, wenn Sie nur einige wenige Kunden benötigen, um ein bedeutendes Einkommen und einen bedeutenden Cashflow zu erzielen?

Bestimmen Sie, welche Ihrer Tätigkeiten oder Produkte am profitabelsten und produktivsten sind, und konzentrieren Sie alle Ihre Marketing- und Werbeanstrengungen auf diese. Auf diese Weise werden Sie nicht bemerken, dass Ihre Umsätze im Laufe der Zeit immer weiter in die Höhe schnellen, was zu dem schwer fassbaren Stundenlohn von 5.000 Dollar führt!

KAPITEL 6: UMWANDLUNG VON NEGATIVEM CASHFLOW IN POSITIVEN CASHFLOW.

Im Folgenden finden Sie einige Vorschläge für die Verwaltung Ihrer Kosten, damit Sie Ihre finanziellen Ziele erreichen können:

Überprüfen Sie die 10 wichtigsten monatlichen Ausgaben in Ihrem Haushalt; es gibt fast immer mindestens einen oder zwei Posten, auf die Sie verzichten könnten, so dass Sie am Ende des Monats mehr Geld zur Verfügung hätten.

Jetzt ist der richtige Zeitpunkt, um Ihre schlechten Gewohnheiten abzulegen.

Wenn Sie rauchen, ist dies die Gewohnheit, die am schwierigsten abzulegen ist. Das Rauchen aus erster und zweiter Hand ist schädlich für den Raucher und seine Umgebung. Ganz zu schweigen von der steigenden Tabaksteuer.

Erstellen Sie ein Budget und halten Sie es ein. Anhand eines Budgets können Sie Ihre monatlichen Einnahmen und Ausgaben einschätzen und Notwendiges gegen Wünsche abwägen.

Leben Sie im Rahmen Ihrer finanziellen Möglichkeiten. Wenn Sie jeden Dollar ausgeben, den Sie am Ende eines jeden Monats verdienen, haben Sie kein Investitionskapital mehr. Das ist gesunder Menschenverstand.

Führen Sie ein Budget und organisieren Sie Ihre Finanzen. Seien Sie sparsam. Kaufen Sie nur das, was erschwinglich und notwendig ist. Kleiden Sie sich nicht, um Ihre Widersacher zu beeindrucken.

Erhöhen Sie die Selbstbeteiligung bei Ihren Haus-, Auto- und anderen Versicherungen, um Ihre Kosten zu senken.

Wenn Sie eine Hypothekenversicherung bezahlen, zahlen Sie Ihre Hypothek so schnell wie möglich ab. Der Hypothekenkreditgeber ist durch die Versicherung geschützt, nicht Sie oder Ihre Familie.

Zahlen Sie Ihre uneinbringlichen Forderungen zurück.

Nutzen Sie diese Methoden, um Ihr Einkommen zu steigern.

Dinge, die Sie nicht mehr benötigen. Verkaufen Sie alle unbenutzten Gegenstände, die Sie zu Hause herumliegen haben. Nutzen Sie Craigslist oder veranstalten Sie einen Garagenverkauf, um die Gegenstände zu verkaufen.

Vermieten Sie Ihr Gästezimmer. Auf Websites wie Airbnb vermieten Millionen von Hausbesitzern für kurze Zeiträume Zimmer oder Etagen ihrer derzeitigen Wohnungen.

Vermieten Sie Ihr Auto. Websites wie Uber und Turo ermöglichen es Ihnen, die anderen Sitze in Ihrem Auto zu vermieten - oder das gesamte Fahrzeug, wenn Sie mutig sind!

Nutzen Sie Ihre Talente und Ihre Zeit. Haben Sie nach dem Verkauf Ihrer Besitztümer noch Zeit übrig? Nutzen Sie Ihre beruflichen Fähigkeiten oder persönlichen Interessen, um in Ihrer Freizeit, nachts oder am Wochenende ein zusätzliches Einkommen zu erzielen. Wenn Sie gerne handgefertigte Produkte herstellen, können Sie diese auf Etsy verkaufen.

Die Früchte Ihres Baumes können Sie auf dem örtlichen Bauernmarkt verkaufen. Viele Haushalte auf Hawaii haben Obstbäume in ihren Gärten. Haben Sie ein besonders beliebtes Rezept? Verkaufen Sie es auf den Bauernmärkten in der Nachbarschaft.

Sie können auch zusätzliches Geld verdienen, indem Sie kochen, putzen, auf Kinder aufpassen oder

Hunde ausführen. Die Möglichkeiten sind unbegrenzt. Sie können Ihre Dienste auf Websites wie TaskRabbit anbieten. Sie können sich auch bei den Mechanical Turks von Amazon anmelden, wo Sie gegen Bezahlung kleine Aufgaben erledigen können.

KAPITEL 7: ENTSCHLIESSUNGEN ZUR SOFORTIGEN VERBESSERUNG IHRES CASHFLOWS.

Die Verbesserung Ihres Cashflows und der Abbau von Schulden sind wichtige Ziele für jeden, und ich möchte Ihnen helfen, diese Ziele in neun einfachen Schritten zu erreichen.

1. Vorwärts planen:

Da ich in der Lebensmittelbranche gearbeitet und Verkaufsstatistiken analysiert habe, weiß ich, dass die Preise in Convenience-Shops 20 bis 30 % über den Kosten in Lebensmittelgeschäften liegen. Was hat das mit der Verbesserung des Cashflows zu tun?

Wenn Sie Ihre Lebensmitteleinkäufe im Voraus planen, können Sie weitere 20 bis 30 Prozent sparen. Das Gleiche gilt für praktisch alles, einschließlich Zeitschriftenabonnements, Haushaltswaren und andere häufig verwendete Artikel.

2. Refinanzieren Sie Ihr Wohnungsbaudarlehen:

Wenn Sie Ihre Hypothek zu Hause refinanzieren, können Sie Ihre bestehende Hypothek durch eine neue erste Hypothek ersetzen. Wenn Sie einen niedrigeren Zinssatz als den derzeitigen vereinbaren können, können die Einsparungen beträchtlich sein.

Wie groß?

Wenn Sie eine Hypothek in Höhe von 150.000 $ mit einer Laufzeit von 30 Jahren und einem Zinssatz von 8,5 % in ein Darlehen in Höhe von 150.000 $ mit einer Laufzeit von 30 Jahren und einem Zinssatz von 7 % umwandeln, verringert sich Ihre monatliche Hypothekenzahlung um 155 $. Während der Laufzeit des Kredits werden Sie über

40.000 Dollar an Zinszahlungen sparen. Sie haben soeben Ihren monatlichen Cashflow erhöht und mehr als 40.000 Dollar gespart. Das ist ein umsichtiger Umgang mit den Finanzen!

3. Nutzen Sie das Eigenkapital Ihres Hauses, um andere Schulden zu reduzieren:

Wenn Sie über ein beträchtliches Eigenkapital verfügen und einen Berg von Kreditkartenschulden haben, wäre es am sinnvollsten, einen Kredit aufzunehmen und Ihre Kreditkarten zu tilgen.

Sie müssen die Abschlusskosten und andere Ausgaben im Voraus bezahlen, aber die Einsparungen durch die geringeren monatlichen Zahlungen können sich erheblich auf Ihren monatlichen Cashflow auswirken.

Es ist ein unkompliziertes Verfahren: Führen Sie einfach eine Cash-out-Refinanzierung durch. Dies bedeutet, dass Sie eine neue erste Hypothek mit einem höheren Saldo als Ihre derzeitige Hypothek aufnehmen. Der Unterschied besteht darin, dass Sie den Geldbetrag aus dem Haus "herausnehmen", ihn in Ihre Tasche stecken und im Idealfall für Ihre anderen Rechnungen verwenden.

Anstatt eine neue Hypothek aufzunehmen, können Sie sich für ein Darlehen mit Eigenkapital entscheiden. Die Zinssätze sind in der Regel günstiger als die regulären Hypothekenzinsen, und es fallen keine oder nur geringe Gebühren für die Aufnahme des Kredits an.

Es gibt jedoch eine Ausnahme: Die Zinssätze für Eigenheimkredite sind oft variabel, d. h. sie können steigen, wenn die US-Notenbank beschließt, den Leitzins (und eine Reihe anderer Faktoren) zu erhöhen. Ein Home-Equity-Darlehen kann einer normalen ersten Hypothek vorzuziehen sein, wenn Sie keinen hohen Geldbetrag benötigen und planen, das Darlehen innerhalb von drei bis fünf Jahren zurückzuzahlen.

4. Suchen Sie nach einer günstigeren Versicherung:

Wann haben Sie sich das letzte Mal nach einer Versicherungspolice umgesehen? Wenn Sie vor zwanzig Jahren eine Hausratversicherung oder vor vielen Jahren eine Autoversicherung abgeschlossen haben, sollten Sie die aktuellen Preise vergleichen.

Möglicherweise kommen Sie jetzt in den Genuss eines Vorzugstarifs, oder Sie könnten den Umfang des Versicherungsschutzes, den Sie benötigen, verringern. Es geht darum, einen angemessenen Versicherungsschutz zu erhalten, ohne mehr als nötig zu bezahlen.

5. Reduzieren Sie Ihre Ausgaben:

Sie denken gerade über etwas Unangenehmes nach, aber machen Sie sich keine Gedanken darüber. Wie wäre es, meine Einnahmen zu erhöhen, anstatt meine Ausgaben zu senken? Die Senkung Ihrer Ausgaben ist viel einfacher (und schneller) als die Erhöhung Ihrer Einnahmen. Sie können Tausende von kleinen Maßnahmen ergreifen, um Ihre wöchentlichen und monatlichen Kosten zu senken.

Einige Kostensenkungsmaßnahmen sind einfacher zu ergreifen als andere, aber wenn sie einmal umgesetzt sind, brauchen Sie sie nicht mehr zu beachten. Ich habe einen Aufsatz mit dem Titel "Living Below Your Means" (Leben unter Ihren Möglichkeiten) verfasst, in dem ich verschiedene Kostensenkungsstrategien detailliert beschrieben habe, aber hier sind die wichtigsten:

Einfache Methoden zur Kostensenkung.

Rauchen Sie nicht, reduzieren Sie Ihren Alkoholkonsum, kündigen Sie ungenutzte Zeitschriftenabonnements, weigern Sie sich, gebührenpflichtige Geldautomaten zu benutzen, kaufen Sie, wann immer möglich, in großen Mengen ein, verzichten Sie auf den täglichen doppelten Mokka-Latte, nehmen Sie Ihr Mittagessen mit zur Arbeit und kündigen Sie Ihre Mitgliedschaft im Fitnessstudio, wenn Sie sie nicht nutzen. Dies sind nur ein paar Ideen.

Das Ziel ist es, herauszufinden, wo Ihr Geld hingeht, und Strategien zu überlegen, wie Sie Ihre Ausgaben reduzieren können.

6. Weniger oft auswärts essen:

Dies hätte leicht in die oben aufgeführte Kategorie der Ausgabensenkung aufgenommen werden können, aber es verdient eine eigene "Zahl". Wir geben wesentlich mehr für Lebensmittel und Getränke aus, als uns bewusst ist. Sie müssen lernen zu kochen, Reste zu verwerten und weniger oft auswärts zu essen. Letzteres kann eine erhebliche Kostenersparnis bedeuten.

Hier sind einige weitere Strategien für das Essen im Restaurant:

- Zum Abendessen sollte kein Wein bestellt werden. Trinken Sie Wasser. Dadurch habe ich in einem Jahr fast 1.000 Dollar gespart. Sie haben richtig gelesen: Ich trinke nur noch zwei Gläser Wein zum Abendessen. Ich habe die Regel, seltener auswärts zu essen, nicht befolgt, weil ich damals noch unverheiratet war.

Ich empfehle, das Dessert und den Kaffee wegzulassen, wenn man auswärts isst, und stattdessen zu Hause zu essen, anstatt 3,50 Dollar für ein Stück Karottenkuchen zu bezahlen, wenn man einen ganzen Kuchen für weniger Geld im Supermarkt kaufen kann. Der Kaffee kostet ein paar Pfennige. Der Cappuccino hingegen kostet 3 Dollar.

- Ein Restaurantbesuch ist oft ein gesellschaftlicher Anlass, an dem Ihr Lebensgefährte, Ihre Familie und Freunde teilnehmen. Das bringt zusätzlichen Aufwand mit sich. Wenn Sie es gewohnt sind, mit Freunden zu essen, warum essen Sie nicht bei Freunden zu Hause, anstatt in ein Restaurant zu gehen?

7. Überprüfen Sie Ihr W2-Formular erneut:

Etwa im März oder April eines jeden Jahres erfahren Sie, ob Sie eine Steuerrückerstattung erhalten werden. Wenn Sie eine beträchtliche jährliche Steuerrückerstattung von Uncle Sam erhalten, kann das daran liegen, dass Sie zu viel gezahlt haben. Zweifellos hatten Sie diesen Eindruck schon einmal, nachdem Sie Ihre Gehaltsabrechnung geprüft hatten, aber ich meine damit, dass Sie zu viel Steuern gezahlt haben.

Wenn Sie Ihre zulässigen Abzüge erhöhen, fließt bei jedem Gehaltsscheck mehr Geld an Sie und nicht an Uncle Sam. Vergewissern Sie sich bei Ihrem Steuerberater, dass Sie die richtige Anzahl von Abzügen geltend machen. Falls nicht, wenden Sie sich umgehend an Ihre Sozialversicherungsabteilung, um Ihr W2-Formular zu korrigieren.

8. Vervollständigen Sie Ihren Notfallfonds:

Okay, dieser Trick wird Ihren Cashflow nicht sofort erhöhen, aber er wird Ihnen im Laufe der Zeit viele Dollar an Zinsen sparen. Das A und O, um seine Finanzen im Griff zu haben, ist es, für alles vorzusorgen. Doch wir alle wissen, dass unvorhergesehene Ausgaben selbst die sorgfältigsten Budgets zum Scheitern bringen können.

Wenn Sie in einen Autounfall verwickelt werden oder einen alten Heizkessel reparieren müssen, können Ihnen Kosten entstehen, die von der Versicherung nicht vollständig abgedeckt werden. Wenn Sie nicht über einen Notfallfonds verfügen, werden diese Ausgaben wahrscheinlich über Ihre Kreditkarte abgerechnet, was zu erheblichen Zinskosten führen kann.

Fangen Sie sofort an, Geld für einen Notfallfonds zu sparen, und verwenden Sie den Fonds nur für konkrete Situationen.

9. Nicht mehr auf Kredit einkaufen:

Das Größte wird für den Schluss aufgehoben. Dies ist ein weiterer Punkt, der Ihren Cashflow nicht sofort verbessern wird, aber die Abschaffung der Gewohnheit, alles mit einer Kreditkarte zu kaufen, ist für das Erreichen finanzieller Unabhängigkeit unerlässlich. In unserer Kultur werden wir mit Schulden überschwemmt. Wir lieben es, auf Kredit zu kaufen, und die Phrase "Niedrige Raten, einfache monatliche Zahlungen" ist wie ein Suchtgift.

Der Drang, auf Kredit zu kaufen, ist zwar verlockend, aber es ist finanzieller Selbstmord, alles auf Kredit zu kaufen. Sie müssen sich angewöhnen, Ihre Kreditkarten monatlich abzubezahlen. Wenn Sie eine Karte für eine größere Anschaffung wie einen Urlaub oder einen neuen Computer verwenden, nehmen Sie sich vor, diese in höchstens drei Monaten zurückzuzahlen.

Wenn Sie das nicht schaffen, sollten Sie anfangen, Geld für zu erwartende größere Ausgaben beiseite zu legen. Dazu müssen Sie alle großen Ausgaben planen.

Angenommen, Sie haben immer noch ein Problem damit, neue Ausgaben jeden Monat in voller Höhe zu bezahlen. In diesem Fall kann ich Ihnen nur empfehlen, eine Debitkarte zu verwenden, die automatisch Geld von Ihrem Giro- oder Sparkonto abbucht.

So können Sie das Ding nicht mit nach Hause nehmen, wenn Sie das Geld nicht haben. Zu lernen, wie man Befriedigung aufschiebt, wird anfangs schwierig sein, aber es führt zu langfristigen Belohnungen, wie z. B. finanzieller Unabhängigkeit. Es ist allein Ihre Entscheidung, ob Sie die Kontrolle über Ihre Finanzen übernehmen oder sich von ihnen beherrschen lassen.

Deshalb gibt es neun Techniken, um Ihren monatlichen Cashflow zu steigern. Es gibt noch viele weitere Möglichkeiten, Ihren Einkommensfluss zu steigern, aber diese werden Ihnen den Einstieg erleichtern.

KAPITEL 8: VERMEIDUNG HÄUFIGER FEHLER BEIM CASHFLOW-MANAGEMENT.

Die Arbeit mit kleinen Unternehmen in den letzten zwei Jahrzehnten hat zu einigen faszinierenden Erfahrungen geführt. Fehler beim Cashflow-Management, die von Geschäftsinhabern gemacht werden, gehören zu den typischsten Vorkommnissen.

Man könnte glauben, dass nur unerfahrene Geschäftsinhaber mit ihren Firmen beinahe den Tod erleben. Ich habe jedoch mit einigen sehr intelligenten und erfahrenen Geschäftsinhabern zu tun gehabt, die die gleichen Fehler gemacht haben.

Viele der Fehler, die wir in unserem persönlichen und beruflichen Leben in Bezug auf unsere Finanzströme machen, haben mehr damit zu tun, wie wir uns in Bezug auf Geld fühlen, als damit, wie wir über Geld DENKEN.

Schrecken Sie nicht zurück, lesen Sie weiter! Sie werden lächeln und nicken, denn ich bin sicher, dass Sie mindestens einen dieser Fehler bereits begangen haben, unabhängig davon, wie logisch und bequem Sie glauben, mit Geld umgehen zu können.

1. Impulsive Ausgaben.

Es gibt viele Arten von impulsiven Ausgaben. Die Netzwerkveranstaltung, die Sie unterstützen, der Messetisch, den Sie in letzter Minute ergattert haben, oder der Büro-PC, den Sie gerade gekauft haben. Diese drei Güter scheinen notwendige Anschaffungen im Rahmen des normalen Geschäftsbetriebs zu sein, oder?

Im Allgemeinen ja, aber lassen Sie uns den Computerkauf untersuchen. Sie fragen sich, wie ein

Computer ein Spontankauf sein kann, wenn Sie ihn für Ihr Unternehmen brauchen; der vorherige ist gerade kaputt gegangen. Für alle unternehmenskritischen Geräte in Ihrem Unternehmen sollten ein Budget und eine Strategie für den Austausch vorhanden sein. Dieser Satz ist in der Tat der Grund, warum es sich um einen Spontankauf handelt.

2. Bezahlen Ihrer Rechnungen auf der Grundlage Ihres Kontostands

Dies ist mein Lieblingsfehler. Er ist sicherlich der am weitesten verbreitete bei Unternehmen mit Cashflow-Problemen. Er steht auch in direktem Zusammenhang mit impulsiven Ausgaben. In der Regel wird das Rad, das am lautesten schlägt, inspiziert.

Anstatt eine Konfrontation zu riskieren, indem Sie beispielsweise sagen: "Nein, ich kann jetzt keinen Scheck ausstellen, aber ich kann Ihnen am Donnerstag einen Scheck schicken", loggen Sie sich in Ihr Online-Banking ein, um zu überprüfen, ob Sie über ausreichende Mittel verfügen, und stellen den Scheck aus.

Damit haben Sie der anderen Partei gezeigt, dass Sie persönlich bereit sind, deren Forderungen vor Ihren eigenen zu stellen. Das ist schlimmer, als wenn Sie den Lieferanten nicht am Fälligkeitstag bezahlen. Bedenken Sie, wie schädlich dies für Ihre Beziehung im Großen und Ganzen sein könnte.

3. Gewährung von Krediten an nicht kreditwürdige Kunden.

Wenn Sie sich entscheiden, Ihren Kunden einen Kredit zu gewähren, leihen Sie ihnen Geld. Fordern Sie Ihre Kunden auf, einen Kreditantrag zu stellen und Handels- und Bankreferenzen beizufügen. Rufen Sie diese Referenzen an, um herauszufinden, wie viel Kredit sie bei Lieferanten hatten.

Es ist wichtig, dass Sie wissen, wie hoch der Kreditbetrag ist, den Ihr Kunde von Ihnen erhalten möchte, und ob er in der Vergangenheit bereits ähnliche Beträge in gutem Zustand erhalten hat.

Wenn Sie einen teuren Artikel verkaufen, sollten Sie nicht zögern, Finanzausweise zu verlangen.

4. Der vierte Fehler besteht darin, dass Sie Ihre Außenstände veralten lassen.

Sie haben Ihren Kunden eine Gutschrift erteilt und müssen nun die ausstehenden Rechnungen eintreiben. Sie haben viele Ausreden, um das geschuldete Geld nicht einzutreiben. Sie haben viel zu tun, wollen nicht stören und das nächste große Geschäft Ihres Kunden nicht gefährden. All diese Gründe oder Ausreden sind hervorragende Möglichkeiten, Ihre Finanzen schlecht zu verwalten.

Vergewissern Sie sich, dass Sie ein zuverlässiges System haben, das Ihnen hilft, die Zahlungen Ihrer Kunden einzuziehen und sie dabei zu unterstützen, mit Ihnen auf dem Laufenden zu bleiben. Ein laufendes Inkasso ist ebenso wichtig wie die pünktliche Lieferung. Wenn Sie es zulassen, dass Ihre Kunden Sie wiederholt zu spät bezahlen, lernen sie, dass eine pünktliche Zahlung unwichtig ist.

5. Vorzeitige Zahlung an Ihre Lieferanten.

Sie wollen gute Beziehungen zu Ihren Lieferanten pflegen, aber Sie sollten sie nur dann frühzeitig bezahlen, wenn Sie einen Rabatt erhalten. Sie müssen die Vor- und Nachteile abwägen, um festzustellen, ob der Rabatt es wert ist, sich früher als nötig von Bargeld zu trennen. Ein konstanter Kassenbestand und die pünktliche Begleichung Ihrer Rechnungen werden sich langfristig für Ihr Unternehmen auszahlen, insbesondere wenn es wächst.

6. Überbevorratung von Beständen und Vorräten.

Wenn die Ware im Regal liegt und kein Geld mehr für andere Maßnahmen zur Verfügung steht, verlieren die zusätzlichen Rabatte bei Großbestellungen ihren Wert. Mit anderen Worten: Sie glauben, dass Sie Ihre Stückkosten senken und Ihre Bruttoeinnahmen steigern. Allerdings können Sie andere Chancen nicht so schnell wahrnehmen, da Sie Mittel gebunden haben.

Sie müssen abwägen, ob die geringen Einsparungen durch den Großeinkauf die Zeit wert sind, die das Inventar im Regal steht. Ein Lagerbestand wird nicht verzinst, sondern in der Regel im Laufe der Zeit abgeschrieben.

7. Keine Kontrolle der Personalausgaben.

Es ist sehr einfach, die Tage zu verlängern und die Lohnsumme allmählich ansteigen zu lassen. Unzureichende Planung und mangelnde Orientierung tragen zum Anstieg der Lohnkosten bei. Wie lange braucht Ihre Mannschaft, um sich neu zu formieren, wenn ein neues Feuer ausbricht?

Ein Kundenkontakt wegen eines verspäteten Auftrags, bei dem alle mit anpacken, um den Kunden zufrieden zu stellen, ist wesentlich teurer als die Erstellung und Einhaltung eines Arbeitsplans. Kriterien und eine "Faustformel" dafür, wie lange eine Aufgabe dauern sollte, können helfen, die Lohnkosten konstant zu halten.

SCHLUSSFOLGERUNG.

Irgendwann in Ihrem Leben werden Sie unweigerlich auf das Dilemma stoßen, wie Sie Ihren Cashflow steigern können. Wenn Sie dringend Geld benötigen, müssen Sie bestimmte Maßnahmen ergreifen, um die Wirksamkeit Ihrer Bemühungen zu maximieren.

Vermeiden Sie als erste Regel, Entscheidungen aus Verzweiflung zu treffen. Wenn Sie voreilige Entscheidungen treffen, kann es passieren, dass Sie Ihre langfristigen Ziele für kurzfristige Belohnungen opfern, nur um sich dann in demselben Szenario wiederzufinden, das Sie eigentlich zu vermeiden versuchten.

Da Sie nun erkannt haben, dass Sie schnell Geld verdienen müssen, haben Sie zwei Möglichkeiten. Die erste Möglichkeit besteht darin, eine schlecht bezahlte, aber stabile Stelle anzunehmen, während die zweite Möglichkeit darin besteht, ein Internet-System zu kaufen, das innerhalb von Tagen oder Stunden Reichtum verspricht.

Die Wahl, die Sie treffen, wird darüber entscheiden, ob Sie für den Rest Ihres Lebens ein rollender Stein sein werden, der ständig auf der Suche nach Geschäften ist, oder ob Sie finanzielle Unabhängigkeit erreichen werden. Der Weg zum Erfolg erfordert Geduld und die Fähigkeit, schwierige Entscheidungen zu treffen und mit ihnen zu leben.

Bevor Sie auf den Online-Zug aufspringen, in der Hoffnung, reich zu werden, müssen Sie Ihre Chancen einschätzen. 95 % der Personen, die sich für diesen Weg entscheiden, erzielen nie einen Gewinn.

Sie müssen nicht nur das neueste geldbringende Informationsprodukt kaufen, sondern auch einen gut durchdachten Plan haben, wenn Sie zu den oberen 5 % gehören wollen. Wenn Sie in der Vergangenheit Cashflow-Produkte gekauft haben, wissen Sie, dass die Entwicklungszeit oft lang ist und dass der Verkäufer die einzige Person ist, die jemals profitiert.

An diesem Punkt in Ihrem Leben ist die Arbeit von 9 bis 5 Uhr besser, als wenn Sie sich online versuchen. Sie müssen sich einfach an die Arbeit machen und die notwendigen Aufgaben zügig erledigen. Das verschafft Ihnen den nötigen Freiraum, um für die Zukunft zu planen. Selten bietet eine Karriere finanzielle Unabhängigkeit, aber wer sich verschuldet, kann nicht denken. Solange Sie berufstätig sind, müssen Sie sparen, um Ihr Ziel der finanziellen Unabhängigkeit am Leben zu erhalten.

Sie können den Online-Teich betreten, wenn der Wolf nicht mehr vor der Tür steht. Beginnen Sie damit, Strategien zur Verbesserung des Cashflows zu erlernen, ohne mehr Kosten zu verursachen. So sammeln Sie Erfahrungen, die Ihnen bei einer Vollzeitbeschäftigung im Internet helfen.

Je nach Ihren Fähigkeiten, Erfahrungen und Vorlieben stehen Ihnen viele Möglichkeiten offen. Suchen Sie sich zunächst eine Tätigkeit, die Ihnen Spaß macht. Sobald sich Ihr Cashflow verbessert, können Sie anfangen, Dinge im Internet zu kaufen.

Management-Fähigkeiten für Führungskräfte.

1. Zeitmanagement für Manager
2. Mitarbeiter-Coaching für Manager
3. Teambildung für Manager
4. Selbstvertrauen für Manager
5. Verhandlungsgeschick für Manager
6. Kundenservice-Fähigkeiten für Manager
7. Durchsetzungsvermögen für Manager
8. Business-Knigge für Manager
9. Zuhörfähigkeiten für Manager
10. Führungsqualitäten für Manager
11. Kommunikationsfähigkeiten für Manager
12. Präsentationsfähigkeiten für Manager
13. Stressmanagement für Manager
14. Entscheidungsfindung für Manager
15. Konfliktmanagement für Manager.

Serie: Finanzielle Freiheit in jedem Alter.

- Finanzielle Freiheit in den 20ern erreichen
- Finanzielle Freiheit in den 30er Jahren
- Finanzielle Freiheit in den 40ern erreichen
- Finanzielle Freiheit in den 50ern erreichen
- Erreichen der finanziellen Freiheit in den 60ern
- Finanzielle Freiheit in den 70ern und darüber hinaus.
- Finanzielle Freiheit bei Kindern erreichen
- Finanzielle Freiheit bei Teenagern erreichen
- Finanzielle Freiheit bei Studenten erreichen.
- Finanzielle Betrügereien, vor denen man sich im Ruhestand in Acht nehmen sollte.

Serie: Persönliche Finanzen für Sie.
- ➢ Kauf und Verkauf von Kryptowährungen für Anfänger
- ➢ Warum es Sinn macht, in Dividendenaktien zu investieren.

Serie: Reichtum 2022.

- ➢ Online-Unternehmertum.
- ➢ Ihr eigenes Unternehmen gründen
- ➢ Vermögensverwaltung
- ➢ Passives Einkommen.
- ➢ 12 Schritte zur Gründung Ihres eigenen Unternehmens.

Serie: Exzellenter Kundenservice.
- ➢ Exzellenter Kundenservice im Einzelhandel
- ➢ Exzellenter Kundenservice im Fast-Food-Bereich
- ➢ Exzellenter Kundenservice im Full-Service-Restaurant
- ➢ Exzellenter Kundenservice in der Lehre.
- ➢ Exzellenter Kundenservice in der Immobilienbranche
- ➢ Exzellenter Kundenservice in einem Call Center

- Exzellenter Kundenservice als Rezeptionist
- Exzellenter Kundenservice in einem Hotel
- Exzellenter Kundenservice im Verkauf
- Exzellenter Kundenservice in jeder Situation.
- Exzellenter Kundenservice in der Zahnarztpraxis
- Exzellenter Kundenservice in der Arztpraxis.

Serie: Schnelles Geld.

- Schnelles Geld in einer Woche
- Schnelles Geld an einem Wochenende
- Schnelles Geld in einem Monat
- Schnelles Geld für Studenten.

Serie: Wie man Werbung macht.

- Wie Sie Ihr Rezeptbuch promoten
- Wie Sie für Ihr Kinderbuch werben.

Andere Bücher von D.K. Hawkins.

- Wie Sie Ihr Unternehmen während einer Rezession zum Erfolg führen
- Mehrwerte für Kunden schaffen
- Erkennen von Möglichkeiten zur Steigerung des Cashflows.

Autor Bio

D.K. Hawkins. D.K. liest gerne persönliche Geschäftsbücher und verbringt Zeit in der Natur. Es werden noch mehr Bücher in dieser Sammlung erscheinen, also folgen Sie bitte auf Amazon für weitere Bücher.

Vielen Dank, dass Sie dieses Buch gekauft haben.

Ich weiß es wirklich zu schätzen und schätze Sie, meinen hervorragenden Kunden.

Gott segne Sie.

D.K. Hawkins.

www.ingramcontent.com/pod-product-compliance
Lightning Source LLC
Chambersburg PA
CBHW050011230526
45465CB00003BB/1371